C4 Architekten Fohn + Pfanner + Sillaber + Wengler

Neues Bauen
in Vorarlberg und Tirol
1960–1979

C4 Architekten

Fohn + Pfanner + Sillaber + Wengler

Ingrid Holzschuh (Hg.)

Birkhäuser
Basel

Vorwort

Angelika Fitz
Direktorin Architekturzentrum Wien

Viel ist im Frühjahr 2021 von „Wiederaufbau" die Rede. Umfangreiche Investitionsprogramme sollen der Wirtschaft nach der Covid-Pandemie wieder auf die Beine helfen. Und auch wenn ich die Begrifflichkeit für schwierig halte, lohnt es sich, genauer hinzuschauen, was und wie nun aufgebaut werden soll. Immenses Geld wird in den kommenden Jahren in neue Infrastrukturen fließen. Wie kann dabei der Umbau zu einer ökologischen, gerechteren und schöneren Welt gelingen und welche Rolle kann die Architektur spielen? Es braucht eine gute Kultur des Bauens, die sowohl von engagierten Architekt*innen und Auftraggeber*innen als auch von klugen Rahmenbedingungen getragen wird. Obwohl dieses Buch sich der Vergangenheit widmet, liefert es eine Menge Anregungen für eine bessere Zukunft. Das Kollektiv C4 hat sich 1960 anlässlich eines Wettbewerbs für eine Schule gefunden. Es sollten noch zahlreiche bahnbrechende Schulen und andere öffentliche Typologien, wie Rathaus, Krankenhaus oder Freizeitzentrum, folgen. Die Architekten, die sich in einem Vierer-Club zusammenfanden – Max Fohn, Helmut Pfanner, Karl Sillaber, Friedrich Wengler – waren noch jung, aber die Auftraggeber*innen begegneten ihnen auf Augenhöhe. Neue Raumkonzepte waren willkommen, Experimente wurden zugelassen. Wettbewerbe wurden nicht nur gewonnen, sondern auch beauftragt. „Das Vertrauen war da, weil man gesehen hat, dass wir die Arbeit sehr ernst nehmen und auch Qualität vorhanden war", so Karl Sillaber im Gespräch mit Andreas Cukrowicz und Anton Nachbaur im Rahmen des „Generationendialogs", den das Architekturzentrum Wien im Jahr 2019 zwischen Baukünstlern der ersten Generation und jüngeren Vorarlberger Architekt*innen initiiert hat. Ausschnitte daraus haben auch Eingang in dieses Buch gefunden.

Das C4 Archiv ist gemeinsam mit den Beständen der anderen Vorarlberger Baukünstler ein wichtiger Teil der Sammlung des Architekturzentrum Wien. Der erste Teil konnte im Jahr 2008 durch eine Schenkung von Karl Sillaber und Max Fohn übernommen werden und wurde kürzlich durch Material von Friedrich Wengler ergänzt – danke dafür an Walpurga Wengler. Mit der Aufnahme des C4 Archivs in die Az W-Sammlung schließt sich ein Kreis. Das umfangreiche Achleitner Archiv, das auch zu dieser Publikation einzigartiges Bildmaterial beisteuert, bildet den frühen Grundstock der Az W-Sammlung.

Das Architekturzentrum Wien verfügt inzwischen über die bedeutendste Sammlung zur österreichischen Architektur des 20. und 21. Jahrhunderts und ist das einzige der Architektur gewidmete

Museum in Österreich. Besonders die vielen Vor- und Nachlässe vermitteln mit ihrer Fülle an Objekten und Dokumenten sowohl Kunst- und Kulturgeschichte als auch Sozial-, Wirtschafts- und Technikgeschichte. Entlang dieser Sammlung haben wir eine interdisziplinär und transnational orientierte Architekturforschung entwickelt, die ihre Fragen stets in der Gegenwart sucht. Damit wollen wir einen Beitrag zum Verständnis von Architektur als gesellschaftliche Praxis und zur internationalen Verortung des österreichischen Architekturgeschehens leisten, und das macht auch dieses Buch.

Dieser erstmalige umfassende Einblick in das Werk von C4 macht Lust auf Architektur. Das Buch öffnet den Blick für überraschende Raumerlebnisse. Es lässt Material in seiner Ursprünglichkeit spürbar werden. Es zeigt wie Gebäude selbstbewusst und doch sensibel mit der Landschaft interagieren. Es ermuntert Architekt*innen zur vorurteilslosen Zusammenarbeit. Es ermutigt Auftraggeber*innen, Vertrauen in die Arbeit von Architekt*innen zu haben und ihren Ideen bei den anstehenden Investitionen eine prominente Rolle zu geben. Selbst wenn neue Anforderungen an das Bauen dazugekommen sind, vor allem ökologische Fragen betreffend, so gibt es auch in dieser Hinsicht bei C4 noch viel wiederzuentdecken, wie ihre großartigen verdichteten Wohnformen, die bei äußerst sparsamem Bodenverbrauch die Qualitäten eines Einfamilienhauses aufnehmen, wenn nicht gar durch gemeinschaftliche Mehrwerte übertreffen.

Mein großer Dank gebührt Ingrid Holzschuh, die dem Az W bereits durch mehrere wichtige Projekte verbunden ist und auch hier architekturhistorische Pionierarbeit leistet. Danke an alle, die in Gestaltung und Redaktion zu Buch und Ausstellung beigetragen haben, sowie an Andreas Rudigier und das gesamte Team des *vorarlberg museums* für die hervorragende Zusammenarbeit. Auf Seiten des Architekturzentrum Wien danke ich Geschäftsführerin Karin Lux und dem Team der Az W-Sammlung, ganz besonders der Sammlungsleiterin Monika Platzer sowie Sonja Pisarik für die intensive Beschäftigung mit den Vorarlberger Baukünstlern. Und nun lade ich Sie ein, sich in der Lektüre selbst davon zu überzeugen, was Architektur kann!

Vorwort

Andreas Rudigier
Direktor *vorarlberg museum*

Ende April 2021 – ein ungewöhnlich kühler Monat mitten in der Pandemie neigt sich seinem Ende zu: Karl Sillaber und sein Freund Walter Fink haben sich im Museum niedergelassen, um 100 Lithografien zu signieren, die in der Werkstatt von Markus Gell in Rankweil nach einer Zeichnung Sillabers gedruckt worden sind. Das Motiv ist die Alpe Vergalda im Montafoner Gargellental – eine der zahllosen Skizzen, die auf den Wanderungen und Reisen des Architekten entstanden sind. Flüchtig hingeworfen, auf die wesentlichen Aspekte reduziert und gerade deshalb so exakt in der Erfassung der Architektur in der sie umgebenden Kulturlandschaft. Die Skizze ziert auch den Titel eines im Frühjahr 2021 veröffentlichten Bandes, der sich ausschließlich mit den Zeichnungen Karl Sillabers beschäftigt.

Die Anwesenheit Karl Sillabers nutze ich, um ihm einen Blick in den Entwurf des hier vorliegenden Buches zum Werk der C4 Architekten zu ermöglichen. Erinnerungen werden dadurch wach. „Wir haben nur Schulen gebaut", kommentiert Karl Sillaber, bescheiden und doch mit einem verschmitzten Lächeln, diese erste kurze Einsicht in die Publikation. In der Tat entstanden in zehn Jahren zehn Schulen und am Ende sollten es 18 Schulbauten sein, die auf das Konto der C4 gehen beziehungsweise gingen.

Das Titelbild des Buches zum frühen Werk der Architektengruppe C4 zeigt in Konsequenz ihres Werkschwerpunktes die Volksschule in Nüziders vor dem wolkenverhangenen Prospekt der Berge des Rätikons. Friedrich Achleitners mehrfach zitierter Ausspruch „Hier schauen die Berge direkt in den Schulhof", den er beim Besuch dieser Schule gesagt hat, ist Karl Sillaber besonders im Gedächtnis geblieben. Kein Wunder, haben doch dieselben Berge das junge Leben des 1932 in Bludenz geborenen Architekten begleitet und war er, seinen eigenen Angaben zufolge, auch auf all diese Berge gestiegen.

Karl Sillaber ist, wie sollte es in Bludenz anders sein, ein Eisenbahnerkind und er spricht gerne über seine Kindheit und Jugend in Bludenz, einer Stadt, in der er sich auskennt. Es ist daher keine Überraschung, dass das Werk der Architekten in Bludenz beginnt und mit dem Bau der Schule in Nüziders zur Gruppe oder richtiger gesagt zum **C**lub der **4** Architekten wird. Das Rathaus in Bludenz darf heute als ein zentrales Werk der Architektengruppe angesehen werden, auch wenn sich der Lebensmittelpunkt nach Bregenz (mit Tiroler Zweigstelle) verlegen sollte.

Das *vorarlberg museum* hat sich mit seiner Neueröffnung 2013 vor allem dank einer Initiative von Robert Fabach bei seinen Sammlungsaktivitäten auch dem Thema „Neue Architektur in Vorarlberg" verschrieben. Publikationen gab es bereits mehrere, auch zu Willi F. Ramersdorfer, den Karl Sillaber als die prägende Lichtgestalt seiner Generation bezeichnet. Aufgrund starker Kooperationen – hier seien etwa das Vorarlberger Architektur Institut und das Energieinstitut Vorarlberg genannt – konnte das Museum auch im Rahmen zahlreicher Veranstaltungen bereits auf Themen und Fragestellungen rund um die Architektur aufmerksam machen. Nun treten wir hier mit der Darstellung des Werks der C4 Architekten erstmals auch mit einer Ausstellung an die Öffentlichkeit.

Namens des Auftraggebers des Ausstellungs- und Buchprojekts möchte ich mich ganz herzlich bei Ingrid Holzschuh bedanken, die mit großer Kompetenz ihre eigene Idee erarbeitete sowie umsetzte und das Projekt mit großer Leidenschaft umsichtig leitete. Ein ebensolcher Dank gilt dem Team des *vorarlberg museums,* namentlich seien hier stellvertretend Theresia Anwander, Laura Fuchs und Ute Denkenberger (für die Ausstellung) sowie Magdalena Venier (für die Publikation) genannt. Barbara Keiler vom Bundesdenkmalamt und den Architekt*innen sei für ihre Beiträge in diesem Band ein großer Dank ausgesprochen. Das gilt auch für alle Personen und Institutionen, die bereitwillig ihre Archive öffneten: Karl Sillaber, Walpurga Wengler, die Stadtarchive in Bludenz und Bregenz, das Vorarlberger Landesarchiv und die Vorarlberger Landesbibliothek, die Bauämter der Städte Bludenz, Bregenz, Feldkirch sowie der Marktgemeinde Lustenau wie auch die Gemeinde in Nüziders und die Evangelische Pfarrgemeinde Bregenz, Mercedes Schneider in Dornbirn und die Inhaber des Wohnhauses Janschek. Nina Sturn gilt der Dank für die ganz im Sinne der Arbeit der Architekten gehaltene grafische Gestaltung des Buches. Petra Rainer sei für die Fotografien gedankt, die das Werk von C4 aus heutiger Sicht zeigen, und Michael Rast für die Architekturmodelle. Und was wäre ohne die Hilfe von Tom Gerhalter gegangen, der den Kontakt zu Karl Sillaber erleichterte und ermöglichte und auch sonst mithalf, wo es nur ging … wohl nichts. Auch ihm sei ganz herzlich gedankt.

Ein besonderer Dank gilt den Trägern und Sponsoren des Museums: Hier seien das Land Vorarlberg, die Vorarlberger Kulturhäuser-Betriebsgesellschaft mbH und die Hypo Vorarlberg als Hauptsponsor genannt. Dem Architekturzentrum Wien und seiner Leitung Angelika Fitz gilt unser letzter Hinweis, verbunden mit dem großen Dank, uns als Kooperationspartner bereitwillig das Archiv für das Projekt geöffnet und uns in allen Belangen dahingehend unterstützt zu haben.

Über die Architektur von C4

Ingrid Holzschuh
Architekturhistorikerin

Das Kollektiv C4 Architekten wurde 1960 in Vorarlberg gegründet. Der Name C4 leitet sich aus dem Anfangsbuchstaben des Wortes *Club* sowie der Zahl 4 her, hinter der die Namen **Max Fohn** + **Helmut Pfanner** + **Karl Sillaber** + **Friedrich Wengler** stehen. Mit ihrem ersten gemeinsamen Projekt, dem Neubau der Volksschule in Nüziders[1], revolutionierten sie 1960 nicht nur den Vorarlberger Schulbau, sondern schufen auch die Basis für ihr gemeinsames architektonisches Schaffen, das bis 1979 in Vorarlberg und Tirol umgesetzt wurde.

Im Aufschwung des „Wirtschaftswunders" und mit den neuen Möglichkeiten des sozialen Aufstiegs begannen die C4 Architekten in den frühen 1950er Jahren das Architekturstudium in Graz und Wien. Ihre Lehrer an den Hochschulen waren Vertreter einer modernen Architektursprache, die sich von den traditionellen und konservativen Richtungen abwandten und ihren Student*innen neue Wege in der Architektur aufzeigten. Mit dem geeigneten Handwerkszeug ausgestattet begaben sich die jungen Absolventen nach ihrem Studium auf unterschiedliche Berufswege mit dem gleichen Ziel: einmal als freischaffende Architekten tätig zu sein. Ihre Selbständigkeit begann in einer Zeit, in der die öffentliche Hand gegenüber jungen Absolvent*innen sehr aufgeschlossen war und sich das Wettbewerbswesen in Vorarlberg bereits etabliert hatte. Der Umstand, dass der aus den Wettbewerben hervorgegangene Preisträger auch beauftragt wurde, ermöglichte jungen Architekt*innen den Zugang zu öffentlichen Aufträgen. Ebenso herrschte im Vorarlberger Baugeschehen ein überaus gutes Klima für Architekt*innen mit neuen und modernen Lösungen. Denn der Boden war bereits durch ihre älteren Architektenkollegen wie Ernst Hiesmayr, Otto Gruber oder Willi F. Ramersdorfer aufbereitet, die mit ihren Schulbauten in den 1950er Jahren erste Veränderungen in Vorarlberg herbeigeführt hatten. Daran konnte die nächste Generation mit ihrer Architektur anschließen und unter dem Einfluss der Internationalen Moderne das Baugeschehen verändern.

C4 Schlüsselwerk: Volksschule Nüziders

In den 1950er Jahren stieg in Vorarlberg, bedingt durch das Wirtschaftswachstum und die Zuwanderung an Arbeitskräften, die Bevölkerungszahl und damit der Bedarf an Schulen. Auch in der kleinen Landgemeinde Nüziders bei Bludenz gab es von den Gemeindevertretern aufgrund der Raumnot in der bestehenden Schule Überlegungen zu einem Schulneubau, die 1960 schließlich in einen

1 ⟶ Seite 28

Architekturwettbewerb mündeten. Unter den Teilnehmern waren auch die beiden jungen Architektenteams Fohn/Sillaber sowie Pfanner/Wengler, die zu dieser Zeit noch getrennt arbeiteten. Max Fohn und Karl Sillaber studierten gemeinsam in Graz und hatten 1957 den Wettbewerb für den Neubau der Volksschule in Bludenz-Obdorf gewonnen, mit dessen Planung sie beauftragt waren. Für Helmut Pfanner, der während der Wettbewerbsphase in den USA weilte, und den Tiroler Friedrich Wengler war es das erste gemeinsame Wettbewerbsprojekt. Sie kannten einander von der Staatsgewerbeschule in Innsbruck und standen beide am Anfang ihrer Selbständigkeit. Die von beiden Architektenteams eingereichten Projekte stießen in der Jury auf großen Zuspruch und wurden aufgrund der Gleichwertigkeit der Entwürfe mit jeweils einem zweiten Preis ausgezeichnet, ein erster Preis wurde nicht vergeben. Die Jury schlug den beiden Preisträgern vor, ein neues, gemeinsames Projekt zu entwickeln. Diese Idee wurde von den vier Teilnehmern aufgegriffen und das überzeugende Ergebnis daraus mit dem Auftrag zur Umsetzung belohnt. Mit diesem Projekt erfolgte nicht nur die Gründung der Architektengruppe C4, es wurde zugleich zum Schlüsselwerk ihres architektonischen Schaffens. Das Büro von C4 befand sich in der Kaiserstraße in Bregenz, wo Fohn, Sillaber und Pfanner ihren Arbeitsplatz hatten. Wengler arbeitete weiterhin von Innsbruck aus. Die gemeinsamen Projektbesprechungen und die Konzeptentwicklungen fanden immer in Bregenz statt, die Ausarbeitung dann getrennt in Tirol sowie Vorarlberg.

Mit der Volksschule in Nüziders entstand ein Schulbau, der sich durch seine geringe Höhe sanft in die Topografie des bestehenden Obstgartens einfügt, charakterisiert durch einen ebenerdigen Flachbau mit großzügigem Innenhof, um den sich Räume gruppieren. Überdachte Gehwege schützen vor Witterung und schaffen die räumliche Klammer zwischen den einzelnen Gebäudeteilen. Die Klassen sind im Grundriss quadratisch angelegt, und ein Oberlicht ermöglicht eine Belichtung von zwei Seiten sowie eine Querdurchlüftung der Räume. Großflächige Fensteröffnungen lösen die Grenzen des Raumes zwischen Architektur und Landschaft auf. Die im Hof angelegten Grünbereiche wirken der Monotonie eines befestigten Innenhofs entgegen. Tragende Bauteile zeichnen sich im Material des Sichtbetons klar nach außen hin ab und erhalten durch das Sichtziegelmauerwerk einen spannenden materiellen sowie farblichen Kontrast. Durch die Einfachheit und Klarheit der Konstruktion und des Materials bettet sich die Architektur in den Landschaftsraum ein. Zu diesem Urteil kam auch der Architekturkritiker Friedrich Achleitner, der in den 1960er Jahren auf Einladung von C4 erstmals nach Vorarlberg reiste und die Schule in Nüziders mit den Worten kommentierte: „Schaut einmal an, sogar die Berge freuen sich und schauen herein!"[2] In seinem bekannten Führer zur österreichischen Architektur des 20. Jahrhunderts schrieb Achleitner 1983: „Vorarlberg hat unter dem Einfluß der Schweiz schon in den fünfziger Jahren ein relativ hohes Niveau im Schulbau erreicht. Der Durchbruch gelang aber erst der Architektengemeinschaft C4 mit der Volksschule von Nüziders. Diese Schule ist heute noch, was die Großzügigkeit der Anlage betrifft, die Bescheidenheit in den Maßen und die Gediegenheit im Material, als vorbildlicher Bau anzusehen."[3] Dieser Einschätzung folgte 1967 auch die Jury des ersten Bauherrenpreises der Zentralvereinigung der ArchitektInnen Österreichs (ZV), die die Prämierung des Vorarlberger Baus folgendermaßen begründete: „Die Volksschule Nüziders zählt zu den besten Schulbauten Vorarlbergs, eine Qualifikation, die bei dem hohen Standard des Schulbaues in diesem Bundesland der kompromißlosen Haltung des Bürgermeisters von Nüziders Herrn Emil Burtscher zu danken ist, der diesen Bau mit allen gebotenen Mitteln geführt und unterstützt hat."[4]

Mit der Auszeichnung des Bauherrenpreises der ZV 1967 erhielt die Architektur von C4 höchste fachliche Anerkennung und österreichweit große Aufmerksamkeit. Dies stärkte das Kollektiv in seiner Entscheidung, an weiteren Wettbewerben für Schulbauten teilzunehmen – mit großem Erfolg, wie die vielen Wettbewerbspreise und die daraus resultierenden Schulbauten zeigen.

Entwicklungsgeschichte des C4 Schulbaus

Zeitgleich mit der Beauftragung des Schulneubaus in Nüziders 1960 nahm C4 erfolgreich am Wettbewerb für den Neubau der Bundeshandelsakademie und -handelsschule in Bregenz[5] teil. Der Entwurf wurde prämiert und das Büro mit der Umsetzung beauftragt. Die Eröffnung der Schule fand 1965 statt. Im Gegensatz zur kleinräumigen Landvolksschule musste hier ein Konzept für eine großräumige Schule im städtischen Raum entwickelt werden. Als Gangschule ausgebildet, steht hier wiederum der große Hof im Zentrum der architektonischen Lösung von C4, der von vier Trakten umschlossen ist. Die Baukörper sind einfach und klar strukturiert, und durch ihr Überschneiden und Versetzen entsteht ein abwechslungsreiches, aber einheitliches Gesamtbild. Schmale Trakttiefen und großzügige Fensterflächen ermöglichen eine gute Belichtung der Klassenräume und Gänge. Vorarlberger Künstler, wie unter anderem Herbert Albrecht oder Walter Salzmann, wurden von den Architekten schon früh in die Planung eingebunden, um einen Dialog zwischen Archi-

2 ⟶ Generationendialog. Karl Sillaber im Gespräch mit Matthias Hein siehe Seite 239

3 Friedrich Achleitner, Österreichische Architektur im 20. Jahrhundert, Bd. 1, Salzburg/Wien 1980, S. 452.

4 Zentralvereinigung der Architekten Österreichs (Hg.), Baujahre. Österreichische Architektur 1967–1991, Wien 1992, S. 20.

5 ⟶ Seite 48

tektur und Kunst herzustellen. Damit sollte nicht nur das Thema Kunst am Bau, sondern auch die Kunstvermittlung in den Schulen gestärkt werden. Der in den 1960er Jahren noch eingesparte vierte Trakt wurde von 1996 bis 2000 von C4 Fohn/Sillaber ergänzt und damit das Konzept im ursprünglichen Gedanken vollendet.

Den für die kleinräumigen Landschulen geeigneten Bautyp der flachen Hofschule, wie in Nüziders, entwickelte C4 in der Folge zu einer ebenerdigen Pavillonschule weiter, die in den Volksschulen in Lustenau-Hasenfeld (1961–64)[6], Lustenau-Rotkreuz (1962–67)[7] und Mäder (1966–68)[8] umgesetzt wurde. Durch eine kammartige Anordnung bilden sich vor den Klassenräumen Freibereiche, die den Unterrichtsraum um einen Außenraum erweitern. Auch hier stehen eine mäßige Höhenentwicklung und eine möglichst geschlossene Anlage im Zentrum der Entwurfsidee. Wie schon in Nüziders nimmt die Bepflanzung des Außenraumes einen wichtigen Stellenwert ein, was hier ebenfalls ein gelungenes Miteinander von Architektur und Natur schafft.

Mitte der 1960er Jahre zeichnete sich im österreichischen Schulbau der Trend zu zentralen Anlagen immer stärker ab, den auch C4 sehr früh in Vorarlberg etablierte. Mit dem Neubau der Hauptschule in Nenzing (1965–68)[9] schuf die Architektengruppe einen neuen Bautyp, der durch gestaffelte Baukörper charakterisiert ist, die sich um einen Innenhof gruppieren. Dieser ist als Atrium ausgebildet und von den Gangflächen erschlossen. Sowohl die Staffelung der Baukörper als auch die großen Fensterbänder wirken der Monumentalität der kubischen Form mit Flachdach entgegen. Die Trägerkonstruktion ist aus Stahlbeton und außen und innen sichtbar. Das Material setzt sich auch in den Kassettendecken fort, die in Sichtbeton ausgeführt sind. Auch bei den nachfolgenden C4 Schulen, der Hauptschule (1965–69) und dem BORG (1976–77) von Lauterach, kommt der Bautyp von Nenzing zur Anwendung.

Auf der Suche nach neuen pädagogischen Konzepten und nach flexiblen Lösungen setzte sich in den 1970er Jahren der Bautyp der Hallenschule immer mehr durch. Auch C4 folgte dem Zeitgeist des Schulbaus und schlug einen solchen im Wettbewerbsbeitrag für den Neubau des Bundesgymnasiums in Feldkirch (1968–73)[10] vor. Die Klassenräume sind um eine zentrale Halle angeordnet, von der aus eine breit angelegte Treppenanlage zentral in die Geschosse führt. Der Aufbau der Halle ist axial symmetrisch, wodurch der Baukörper sehr kompakt wirkt, jedoch durch die abgetreppte Form an Monumentalität verliert. Die Außenerscheinung ist vom Material Beton geprägt, das sich auch im Inneren fortsetzt. Im anschließenden Schulbau der Höheren Bundeslehr- und Versuchsanstalt in Rankweil

6 → Seite 64
7 → Seite 82
8 → Seite 102
9 → Seite 88
10 → Seite 124

(1974–76)[11] schafft C4 eine Anlage aus Sichtbeton, die unter dem Begriff des Brutalismus subsumiert werden kann. Um einer monumentalen Erscheinung entgegenzuwirken, wird der V-förmige Baukörper auf seiner Symmetrieachse am Eck tief eingeschnitten und in der Fehlstelle der überdachte Schuleingang im Erdgeschoss eingefügt. Ein markantes Merkmal, das diesen Schulbau auszeichnet.

Am Ende der Entwicklungsgeschichte des C4 Schulbaus in Vorarlberg steht die Volksschule Bregenz-Stadt (1974)[12], die sowohl durch ihre einfache Konzeption als auch ihre klare Konstruktionsweise hervorsticht. In einer Art Baukastensystem wurde diese aus Betonfertigteilen innerhalb von nur sechs Monaten errichtet. Sie ist ein Beispiel für die Rationalisierung im Schulbau der 1970er Jahre, die sich am Ende der Reihe der C4 Schulneubauten anschließt.

Dialog zwischen Architektur und Natur

Die Klarheit der Konstruktion und die Einfachheit des Materials bestimmen bei C4 nicht nur die Architektur des Schulbaus, sondern auch die anderer Bauaufgaben. So verdeutlicht das Innsbrucker Wohnhaus D. (1961–62)[13] den modernen Zugang der Architektengruppe zum Einfamilienhausbau, der sich durch das Material des schalreinen Sichtbetons und die stark geometrische Formensprache auszeichnet. Zwei quer übereinandergelegte Baukörper, die in ihrem Umriss einfach und klar definiert sind und durch die Oberfläche des Sichtbetons auch in ihrer Materialität Klarheit vermitteln. Durch die Auskragung des oberen Wohntraktes entsteht auf der Straßenseite ein überdachter Zugang und ein geschützter Sitzbereich auf der Gartenseite. Sowohl die offenen Räume als auch die großen Fensterflächen lassen den Innenraum mit dem Grün des Gartens verschmelzen. Der Umbau des Wohn- und Geschäftshauses in Bregenz (1966)[14] schließt an diese moderne Architektur an. Obwohl sich die Erdgeschosszone mit Bankeingang der bestehenden Verbauung unterordnet, zeigt sich die Fassadengliederung diametral zu den Lochfassaden der Nebengebäude. Horizontale Fensterbänder, eingeschnittene Loggien und weiße Eternitplatten setzen einen zeitgenössischen Kontrast zu dem historistischen Fassadenbild der Altstadt. Noch von der Hoffassade verbannt ist die Oberfläche des schalreinen Sichtbetons, die die Sprache des Brutalismus in der C4 Architektur einleitet und im Freibad in Stubai (1968–70)[15], in der Häusergruppe Manahl-Fohn-Sillaber in Bregenz (1968–70)[16] oder im Rathaus in Bludenz (1972–74)[17] ihre konsequenteste Ausformulierung findet.

Ein besonderes Merkmal der C4 Bauten ist deren sensible Einbettung in den Landschaftsraum. Bereits bei frühen Beispielen wie

11 → Seite 186
12 → Seite 176
13 → Seite 58
14 → Seite 96
15 → Seite 110
16 → Seite 116
17 → Seite 160

dem Ferienhaus G. im Montafon (1960)[18] oder dem Skiheim Lauterach am Bödele (1960)[19] verwendet C4 Konstruktionen, die sich behutsam in das Gelände einpassen. Die Suche nach dem Dialog von Architektur und Natur ist ein Wesenszug der C4 Bauten und zeigt sich an Beispielen wie der Reihenhaussiedlung in der Amtstorstraße in Bregenz (1970–72)[20] wohl am deutlichsten. Sie besteht aus elf aneinander gestaffelten Häusern, die sich in ihrer Längsausrichtung an dem vorhandenen Gelände ausrichten und sich in die Topografie behutsam einfügen. Auch die versetzten Geschosse folgen der Hanglage.

Das Bauen im schwierigen Gelände zeichnet auch das Wohnhaus Manahl (1968–70)[21] aus, das von C4 für die steile Hanglage am Pfänder als Terrassenhaus entwickelt wurde und sein Gegenstück in dem Sichtbetonbau des privaten Doppelwohnhauses der Architekten Max Fohn und Karl Sillaber (1968–70) findet, das oberhalb der Zufahrtsstraße in den Hang eingefügt ist. Die Staffelung der Baukörper und die großen Fensteröffnungen wirken dem monumentalen Charakter des Sichtbetonbaus entgegen. Mittlerweile prägt der grüne Bewuchs das Erscheinungsbild des Hauses, der bereits im architektonischen Konzept von C4 zur Beschattung sowie Kühlung des Gebäudes vorgesehen ist und die Oberfläche des Sichtbetons über die Jahre einnahm. Das Konzept des Terrassenhauses findet sich auch in dem Wohn- und Bürohaus Bergstraße (1973–78)[22], das dort von C4 im verdichteten Stadtraum von Bregenz umgesetzt wurde. Der abgetreppte Baukörper schafft eine Verzahnung von umbautem Wohnraum und begrüntem Außenraum, der aus vorgelagerten Terrassen und Balkonen resultiert. Auch hier stellen großzügige Fensterflächen die Verbindung zwischen Innen- und Außenraum her.

Pioniere C4

Die Architektengruppe C4 konnte sich 1960 mit einer neuen experimentellen Lösung in Nüziders durchsetzen und damit den bis dahin vorherrschenden Einfluss der traditionellen und lokalen Bauweise im Schulbau der Nachkriegszeit zurückdrängen. Ihre Errungenschaften liegen in neuen Grundrisslösungen, geringer Höhenentwicklung in Flachbauweise und dem sensiblen Einsatz von neuen Materialien. In der Gesamtschau ihres Werkes zeigt sich, dass sich ihr experimenteller Zugang zur Architektur über den Schulbau hinaus in anderen Bauaufgaben fortsetzt und sich in der Einfachheit der Konstruktion und in der Klarheit des Materials abzeichnet. In der Sprache der Internationalen Moderne begannen sie ihren gemeinsamen Karriereweg und führten diesen über den Einfluss des Brutalismus hin zu einem kritischen Regionalismus, der das moderne

18 → Seite 36
19 → Seite 42
20 → Seite 134
21 → Seite 116
22 → Seite 172

Bauen in den geografischen und kulturellen Kontext einbindet. Diese stark regional geprägte Architektursprache zeichnet die erste Generation der Vorarlberger Baukünstler aus, zu der auch die Architekten von C4 zählen. Mit ihren Pionierbauten setzten sie wichtige Impulse für eine Veränderung in der Baukultur, die bis heute in Vorarlberg ihre Fortsetzung findet.

Architekt Mag. arch. Ing.

Friedrich Wengler

*1930—†2015

+

Hauptwerke vor C4

1958	Ideenwettbewerb Gestaltung Maria-Theresien-Straße, Innsbruck (1. Preis der Landeshauptstadt Innsbruck zur Förderung künstlerischen Schaffens)
1959	Wettbewerb Neubau eines Kunsteisstadions, Innsbruck (Anerkennung)
1959	Ferienhaus G., Neu-Götzens (Tirol)
1960–79	C4 Architekten
	Hauptwerke nach C4
1975	Sprungschanze Wörgl
1979	Wohnanlage Sillpark, Innsbruck (Wettbewerb: 3. Preis)
1982	Badeanlage Piburger See, Ötztal (Wettbewerb: 1. Preis)
1983	Hallenbad Amraser Straße, Innsbruck (Wettbewerb: 1. Preis)
1988	Renovierung Konservatorium der Stadt Innsbruck
1992	Umbau Kammerspiele des Tiroler Landestheaters, Innsbruck

Friedrich Wengler wurde am 19. Juni 1930 in Kufstein (Tirol) geboren. Nach seiner Ausbildung an der Bundesgewerbeschule in Innsbruck entschloss er sich für das Architekturstudium an der Akademie der bildenden Künste Wien, wo er 1954 in der Meisterschule von Lois Welzenbacher begann. 1956 übernahm Roland Rainer die Klasse, bei dem Wengler 1957 diplomierte und für seine Abschlussarbeit mit dem Staatspreis ausgezeichnet wurde. Nach dem Studium kehrte er nach Tirol zurück. Er arbeitete in einem Architekturbüro, nahm an Wettbewerben teil und bekam erste selbständige Planungsaufträge. Der Entschluss, mit Helmut Pfanner gemeinsam am Wettbewerb für die Volksschule in Nüziders teilzunehmen, führte Wengler nicht nur nach Vorarlberg, sondern auch zur Zusammenarbeit mit Max Fohn und Karl Sillaber. 1960 wurde das Kollektiv C4 Architekten Fohn + Pfanner + Sillaber + Wengler gegründet.

Wengler trennte sich 1979 von C4 und arbeitete in Tirol selbständig weiter. In den folgenden 30 Jahren seiner Berufstätigkeit entstand eine Vielzahl an Neu- und Umbauten. Auch an Wettbewerben nahm er weiterhin erfolgreich teil. Durch seine ehrenamtliche Tätigkeit als Sprunghügelreferent des Tiroler Skiverbands führte er bis Anfang der 1980er Jahre auch zahlreiche Schüler-, Jugend- und FIS-Sprunganlagen aus. Friedrich Wengler verstarb am 10. Dezember 2015 in Mutters (Tirol).

Seite 18/19 ⟵ v.l.n.r.
Friedrich Wengler
Karl Sillaber
Max Fohn
Helmut Pfanner

Architekt Dipl.-Ing.

Karl Sillaber

*1932

Architekt Dipl.-Ing.

Max Fohn

*1932—†2011

\+ +

Hauptwerke vor C4

1957–61	Volksschule Bludenz-Obdorf (Wettbewerb: 1. Preis)
1957	Wohnhaus B., Bludenz
1958	Heim „Jugend am Werk“, Bludenz
1960–79	C4 Architekten
	Hauptwerke nach C4 als Fohn/Sillaber
1979	Reihenhausanlage Weißenreute, Bregenz (Wettbewerb: 1. Preis)
1980–81	Pfarrzentrum Sulzberg (Vorarlberg)
1988–89	Innenrenovierung Pfarrkirche St. Wendelin, Bregenz
1989–92	Generalrenovierung Pfarrkirche St. Laurentius, Sulzberg
1992–94	Generalrenovierung Pfarrkirche Herz-Jesu, Bregenz
1995–97	Generalrenovierung Nepomukkapelle, Bregenz
1995–97	Ausstellungs- und Verwaltungsgebäude Mercedes-Benz, Dornbirn-Schwefel
2003–06	Generalrenovierung Leonhardskapelle, Sulzberg
2005–07	Um- und Neubau, Generalrenovierung Kapuzinerkloster Feldkirch

Karl Sillaber wurde am 30. Juli 1932 in Bludenz (Vorarlberg) geboren. Nach seinem Abschluss an der Staatsgewerbeschule in Innsbruck und einer einjährigen Tätigkeit am Hochbauamt in Feldkirch führte ihn sein Weg nach Graz zum Architekturstudium. Max Fohn wurde am 8. Juni 1932 in Tarvis (Italien) geboren. Er absolvierte die Staatsgewerbeschule in Villach (Kärnten) und entschied sich anschließend für ein Architekturstudium in Graz.

1953 trafen Fohn und Sillaber erstmals an der Technischen Hochschule in Graz (heute TU Graz) aufeinander. Sie beschlossen, nicht nur das Studium gemeinsam zu bestreiten, sondern auch eine Wohngemeinschaft zu gründen. Damit begann sowohl ihre lebenslange Freundschaft als auch der gemeinsame Berufsweg.

Im Herbst 1956, noch während des Studiums, wurde Karl Sillaber vom Bludenzer Baureferenten eingeladen, einen Beitrag beim Wettbewerb zum Bau der Volksschule in Bludenz-Obdorf einzureichen. Sillaber erarbeitete gemeinsam mit Fohn ein Projekt, das im Zuge einer Lehrveranstaltung entstand. Der Beitrag wurde mit dem ersten Preis ausgezeichnet und die jungen Architekturstudenten wurden mit der Umsetzung beauftragt. Sie unterbrachen dafür ihr Studium für ein Jahr und schlossen es dann zusammen im Dezember 1958 ab. Der große Erfolg in Bludenz-Obdorf bestärkte die jungen Absolventen 1959 in ihrem Entschluss, als Arbeitsgruppe Fohn/Sillaber an dem Wettbewerb für den Neubau der Volksschule mit Kindergarten in Nüziders teilzunehmen, aus dem heraus die Zusammenarbeit mit ihren Kollegen Pfanner/Wengler entstand. 1960 wurde das Kollektiv C4 Architekten Fohn + Pfanner + Sillaber + Wengler gegründet.

Nachdem Helmut Pfanner 1972 verstarb und sich Friedrich Wengler 1979 von C4 trennte, führten Sillaber und Fohn den Namen und das Büro als C4 Fohn/Sillaber weiter. Der Schwerpunkt ihrer Arbeit verlagerte sich ab den 1980er Jahren auf die Renovierung sowie Erweiterung von Kirchenbauten. Max Fohn starb am 9. September 2011 in Bregenz.

Architekt Mag. arch. Ing.

Helmut Pfanner

*1928–†1972

+

Hauptwerke vor C4

1950er Jahre	Automatenbuffet Resch, Bregenz
ca. 1955	Mitarbeit am Projekt Flughafen Basel (Schweiz)
ca. 1957	Mitarbeit am Projekt Krankenhaus Falköping (Schweden)
1960–72	C4 Architekten

Helmut Pfanner wurde am 10. Juni 1928 in Lauterach (Vorarlberg) geboren. Nach seiner Ausbildung an der Staatsgewerbeschule in Innsbruck ging er nach Wien und belegte an der Hochschule für angewandte Kunst bei Franz Schuster das Studium der Architektur. Nach Abschluss gründete er in Lauterach ein Büro und begann erste selbständige Projekte umzusetzen. 1953 zog er in die Schweiz und nach Basel, um im Architekturbüro Suter & Suter zu arbeiten. Wenige Jahre später übersiedelte er nach Stockholm und war ab 1957 bei dem Architekten Lars-Erik Lallerstedt tätig. Sein Weg führte ihn schließlich 1958 nach New York, wo er im Architekturbüro von Argent & Webster mitarbeitete. Die Information über die Ausschreibung eines Schulbaus in Nüziders erhielt er während seines Aufenthalts in den USA. Von dort aus kontaktierte er seinen ehemaligen Schulkollegen Friedrich Wengler in Tirol, den er von der Staatsgewerbeschule kannte. Sie fassten den Entschluss als Arbeitsgruppe Pfanner/Wengler am Wettbewerb teilzunehmen, aus dem heraus die Zusammenarbeit mit Max Fohn und Karl Sillaber resultierte. 1960 wurde das Kollektiv C4 Architekten Fohn + Pfanner + Sillaber + Wengler gegründet. Helmut Pfanner verstarb am 12. August 1972 in Bregenz.

Volksschule Nüziders (1960–63)  Ferienhaus G. (19

Bundeshandelsschule (HAK/HASCH) Bregenz (1960–65)

feld (1961–64)  Ortszentrum Lauterach (1961–72) + M

Lustenau-Rotkreuz (1962–67) + Hauptschule Nenzing (196

BAWAG (1966) + Volksschule Mäder (1966–68) + Evangelisch

bai (1968–70) + Häusergruppe Manahl-Fohn-Sillaber (1968–70

+ Reihenhaussiedlung Amtstorstraße (1970–72) + Wohnhaus

(1970–75) + Erweiterungsbau Hotel Lutz (1971–74) + Un

Schwestern (1971–75)  Rathaus Bludenz (1972–74) + Spo

Bergstraße (1973–78) + Volksschule Bregenz-Stadt (1974) +

Bundeslehr- und Versuchsanstalt (HTL) Rankweil (1974–76) +

Im Wingat (1977–79)  C4 Architekten Fohn + Pf

+ Skiheim Lauterach (1960) + Bundeshandelsakademie und

Wohnhaus D. (1961–62) + Volksschule Lustenau-Hasen-

edes-Benz Landesvertretung Dornbirn (1962) + Volksschule

3)  Umbau Wohn- und Geschäftshaus Bregenz/

emeindezentrum Bregenz (1967–69) + Hallen- und Freibad Stu-

Bundesgymnasium Feldkirch (1968–73) + Wohnhaus J. (1969)

ngler (1970–73)  Erweiterung Krankenhaus Bregenz

Mus.päd. Realgymnasium und Turnsaal der Barmherzigen

nd Freizeitzentrum St. Johann (1972–75) + Wohn- und Bürohaus

zeitzentrum Sautens (1974–76)  Höhere Technische

erdorf Kronhalde Vorarlberg (1974–76) + Reihenhaussiedlung

r + Sillaber + Wengler

Volksschule Nüziders

1960–63

Ort	Schulgasse, Nüziders
Bundesland	Vorarlberg
Wettbewerb	1960 (1. Preis)
Preise	1967 Bauherrenpreis der ZV
Erweiterung	1965–66 Kindergarten

„Nüziders ist eine kleine Landgemeinde im Vorarlberger Walgau. Der Schulneubau liegt südöstlich des Dorfkernes am Fuße eines leichten Hanges inmitten alter Obstbäume. Das längsgestreckte Grundstück wurde in den Kindergarten-, den Schul- und in den Sportbereich unterteilt. Der Grundgedanke zu dieser Anlage war die Gruppierung ebenerdiger Räume um einen Innenhof. Auf den Maßstab des Kindes wurde besondere Rücksicht genommen. Verwaltung und Schulwartwohnung liegen beim Eingang. 4 Klassen sind für die Unterstufe und 6 Klassen für die Oberstufe vorgesehen. Das fallende Gelände ausnützend, wurden im Untergeschoß des 6-Klassen-Traktes die Handarbeitsräume für Knaben und Mädchen, die Schulküche und die Heizung untergebracht. Der Sing- und Festsaal sowie die Turnhalle mit ihren Nebenräumen, die im Untergeschoß liegen, schließen im Südwesten den Hof. Sämtliche Klassen, der Sing- und Festsaal und die Turnhalle haben zweiseitige Belichtung und Querdurchlüftung, die Klassen sind quadratisch. Lageplan und Materialwahl betonen in besonders gewinnender Weise die Verbundenheit mit der Natur."

planen - bauen - wohnen
14 (1965), S. 21.

In Fachzeitschriften

- architektur aktuell 4 (1967), S. 7.
- BAU 4/5 (1967), S. 118.
- Bauen + Wohnen 9 (1965), S. 342.
- bauforum 9/10 (1968), S. 21.
- Der Aufbau 11/12 (1966), S. 419.
- Der Bau 6 (1964), S. 302 f.
- Heraklith Rundschau 64 (Oktober 1963), S. 12.
- planen – bauen – wohnen 14 (1965), S. 21–23.

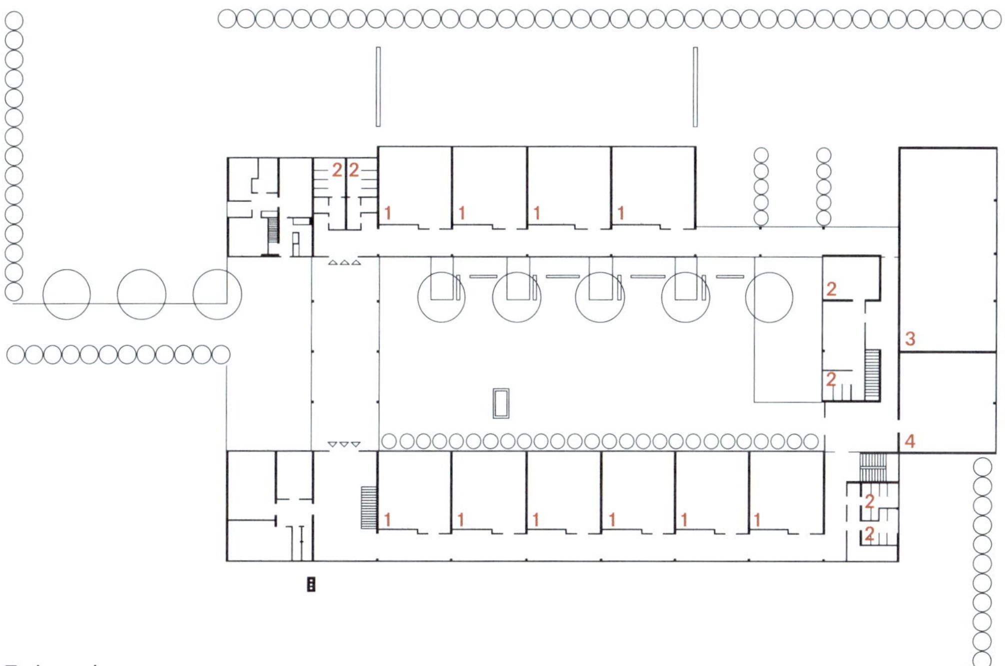

Erdgeschoss

1 Klassenräume
2 WCs/Waschräume
3 Turnsaal
4 Sing- und Festsaal

Ferienhaus G.

1960

Ort	Am Golm, Montafon
Bundesland	Vorarlberg

„Das Ferienhaus liegt knapp unter der Waldgrenze im Golmar Skigebiet mit herrlichem Blick in das Montafonertal. Um große Erdbewegungen im fallenden Gelände zu vermeiden, wurde das Objekt auf Stützen gestellt. Ein weiterer Grund dafür wären auch die reichlichen Schneefälle (bis zu 3 m) in diesem Gebiet. Die Konstruktion besteht aus leichtem Holzfachwerk. Wände, Decken und Boden sind in Fichtenholz ausgeführt."

planen - bauen - wohnen 15 (1965), S. 25.

In Fachzeitschriften

- planen – bauen – wohnen 15 (1965), S. 25.

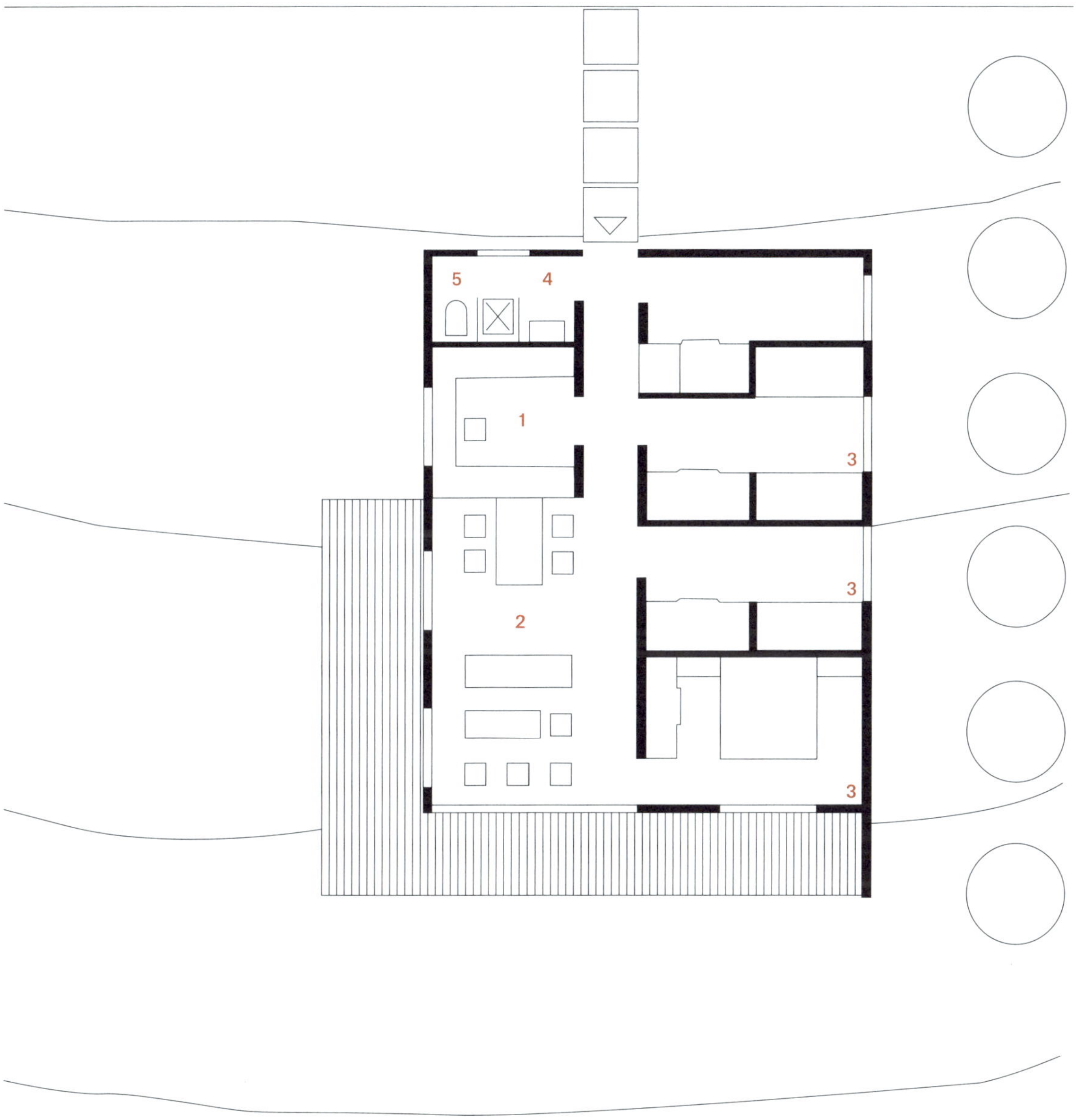

Erdgeschoss

1 Küche
2 Wohn-/Essbereich
3 Schlafräume
4 Waschraum
5 WC

Skiheim Lauterach

1960

Ort	Bödele, Schwarzenberg
Bundesland	Vorarlberg

„Der Skiverein in Lauterach hat für seine Mitglieder ein Heim am Bödele bei Dornbirn errichtet. Den Gegebenheiten des Grundstückes entsprechend (Mulde am Waldrand, nach Süden offen), wurden die Wohn- und Schlafräume in eine schützende Holzschindelpanzerung eingehüllt und nach Süden geöffnet. Das zurückgesetzte Untergeschoß enthält Skistall, Warmluftheizung sowie die Wasch- und Sanitärräume. Im Erdgeschoß befinden sich ein großer Aufenthaltsraum mit der Küche in der Mitte und 2 kleine Schlafräume. Das Obergeschoß enthält ein Massenlager. Im Giebel sind noch Notunterkünfte in Reserve.

planen - bauen - wohnen
17 (1966), S. 25.

Es mußte eine möglichst einfache Konstruktion gewählt werden, die es erlaubte, auf kleinstem Grund die notwendigen Räume unterzubringen. Das Untergeschoß mit Fundamenten wurde in Betonsteinen gemauert und verputzt.

Das gesamte Dach ist aus verleimten Bindern als Dreieckskonstruktion zusammengesetzt. Bei der Wahl der konstruktiven Möglichkeiten spielten auch die schwierigen Transportverhältnisse eine Rolle."

In Fachzeitschriften

- planen – bauen – wohnen 17 (1966), S. 25–27.

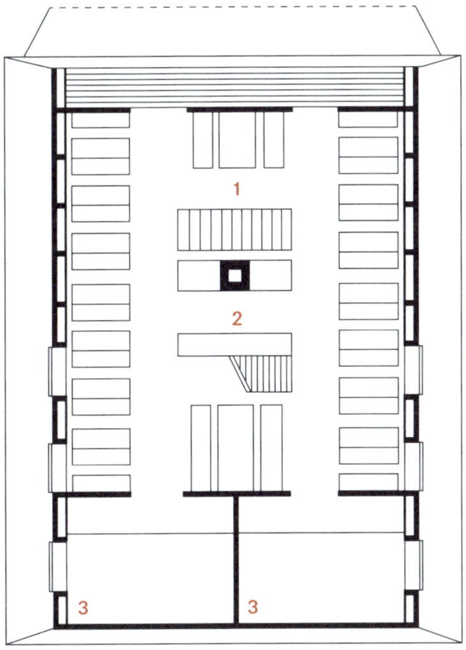

Erdgeschoss

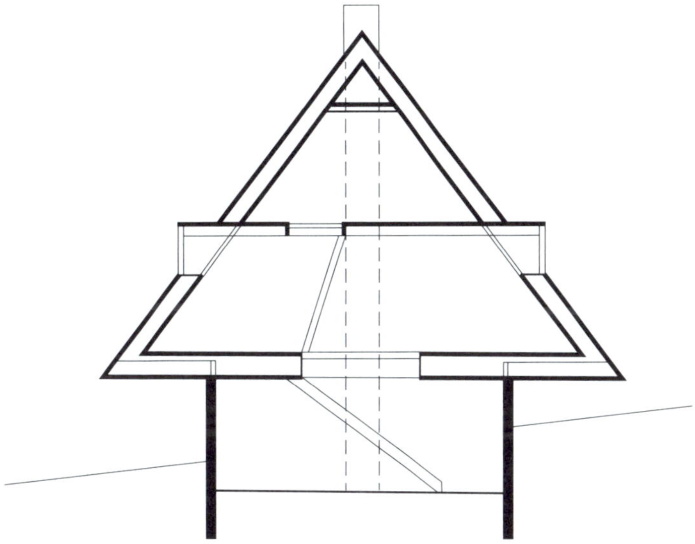

Schnitt

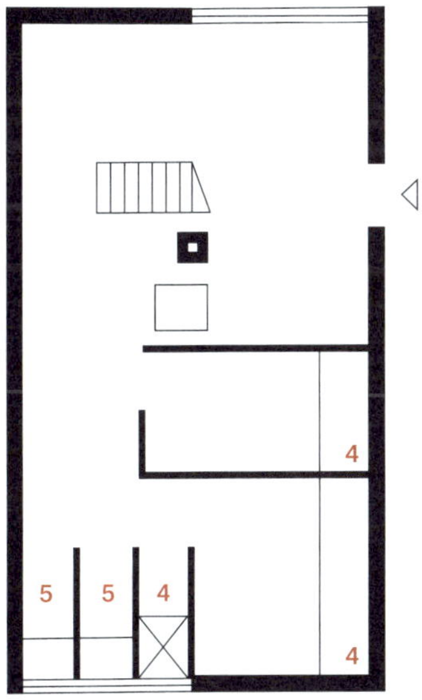

Untergeschoss

1 Aufenthaltsraum
2 Küche
3 Schlafräume
4 Waschräume
5 WCs

Bundeshandelsakademie und Bundeshandelsschule (HAK/HASCH) Bregenz

1960–65

Ort	Michael-Gaismayr-Straße, Bregenz-Rieden
Bundesland	Vorarlberg
Wettbewerb	1960 (1. Preis)
Erweiterung	1996–2000 Erweiterung und Generalsanierung (C4 Fohn/Sillaber)

„Die Schulanlage besteht aus zwei sich rechtwinkelig überschneidenden Baukörpern, und zwar aus dem zweigeschossigen Verwaltungs- und Handelsakademie-Trakt mit angebauter Turnhalle in Ost-West-Richtung und dem dreigeschossigen Handelsschule-Spezialklassentrakt und vorgelagertem Vortragssaal in Nord-Süd-Richtung. Die beiden ebenerdigen Schulwartwohnungen und der überdeckte Fahrradabstellplatz liegen am Eingang. Der Platzbedarf für eine spätere Erweiterung der Schulanlage in Größe des Akademietraktes mit einer zusätzlichen Turnhalle ist im Süden des Baugrundstückes vorhanden.

Freiflächenverteilung: Im Osten liegt der Eingangsplatz mit PKW-Parkplätzen für Lehrpersonen und Besucher. Der nach Süden offene Pausenhof befindet sich im Schwerpunkt der Anlage. Vom ruhigen Schulbereich abgewandt liegen zwischen Turnhalle und Bahnkörper die Sportfreiflächen.

Alle Tragelemente in Stahlbeton (Stützen, Unterzüge, Decken, Stiegenläufe etc.) wurden in ihrer ursprünglichen Struktur und Farbe belassen und stehen in starkem Kontrast zu den verputzten und weiß gestrichenen Wänden. Alle übrigen Bauteile, wie Böden, Türen, Einbaumöbel, werden ebenfalls in ihrer natürlichen Beschaffenheit gezeigt. Die dadurch entstandenen Struktur- und Farbwerte sollen der Jugend ein echtes Materialgefühl vermitteln. Auf jede modische und gesuchte Farbgebung und falsche Repräsentation wurde aus diesen Gründen verzichtet."

planen - bauen - wohnen 16 (1965), S. 11.

In Fachzeitschriften

- bauforum 9/10 (1968), S. 21.
- Der Aufbau 6 (1961), S. 265.
- Der Aufbau 11/12 (1966), S. 422–423.
- planen - bauen - wohnen 16 (1965), S. 11–13.

BUNDESHANDELSAKADEMIE
BUNDESHANDELSSCHULE

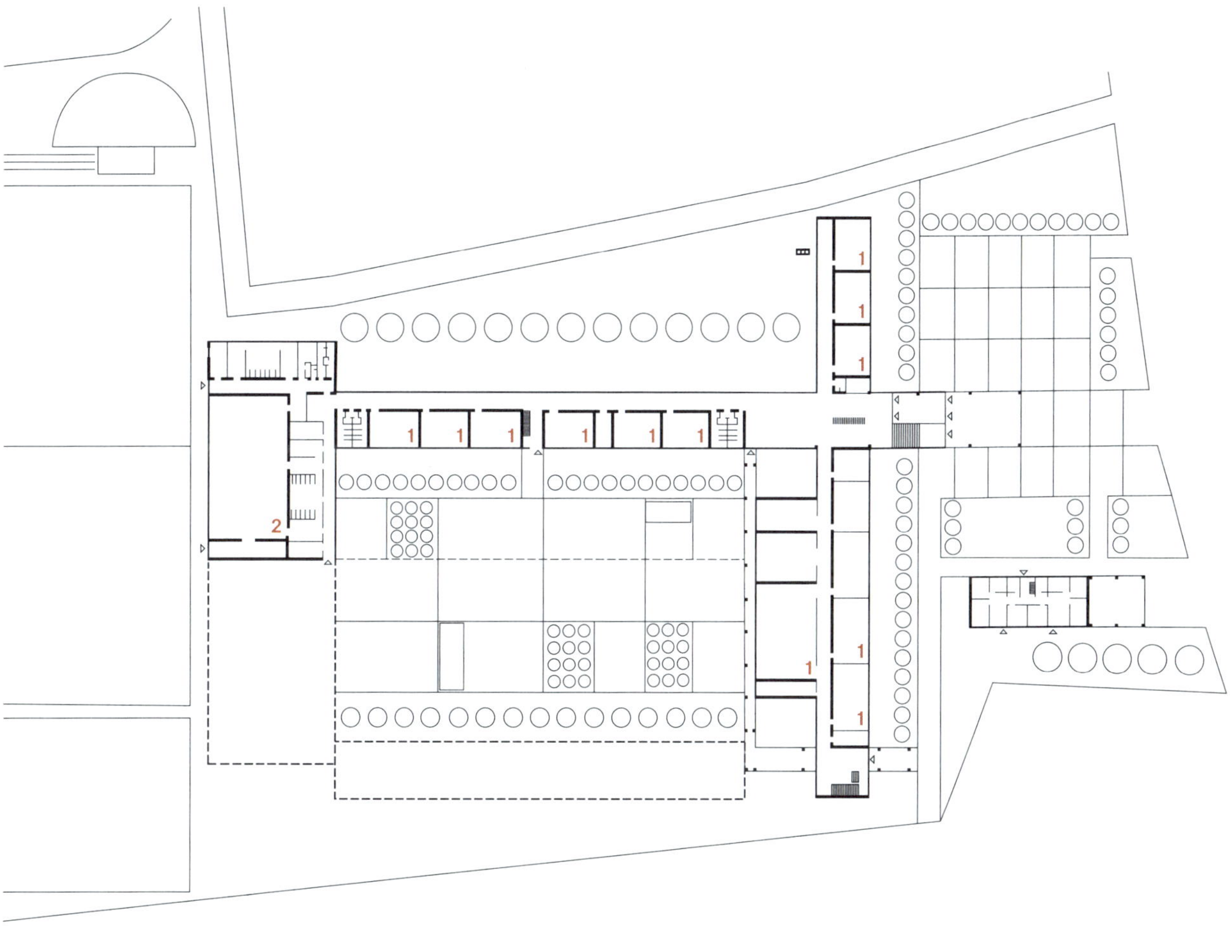

Erdgeschoss

1 Klassenräume

2 Turnsaal

Wohnhaus D.

1961–62

Ort	Beda-Weber-Gasse, Innsbruck
Bundesland	Tirol

„Ebenerdiger Wohntrakt mit Garage, über dem ein quergestellter Gästeflügel das Obergeschoß bildet. – Dieses kragt über dem Eingang ca. 2 m frei aus und gewährt dem Eintretenden genügend Schutz vor Regen und Schnee. Der Autoabstellplatz ist ebenfalls überdacht. Der Wohnraum hat Südorientierung und ist vom Wohnhof nur durch eine Glasfront getrennt. Das Herz des Hauses ist die Küche. Von ihr aus können auf kurzem Wege alle Räume leicht erreicht werden. Die Hausfrau überblickt vom Arbeitsplatz aus den Zugang des Hauses. Zugunsten eines großen Wohnraumes wurden die Schlafräume relativ klein angelegt. Wäsche- und Kleiderschränke sind eingebaut und bilden so gleichzeitig die Trennung der einzelnen Schlafräume. Wohnhof mit sonnigen Sitzplätzen, gedeckten Freiplätzen und sonnengeschützten Sitzmöglichkeiten an der Grundstücksmauer."

Der Bau
4 (1964), S. 181.

In Fachzeitschriften

- Der Bau 4 (1964), S. 181.
- planen – bauen – wohnen 13 (1964), S. 42 f.

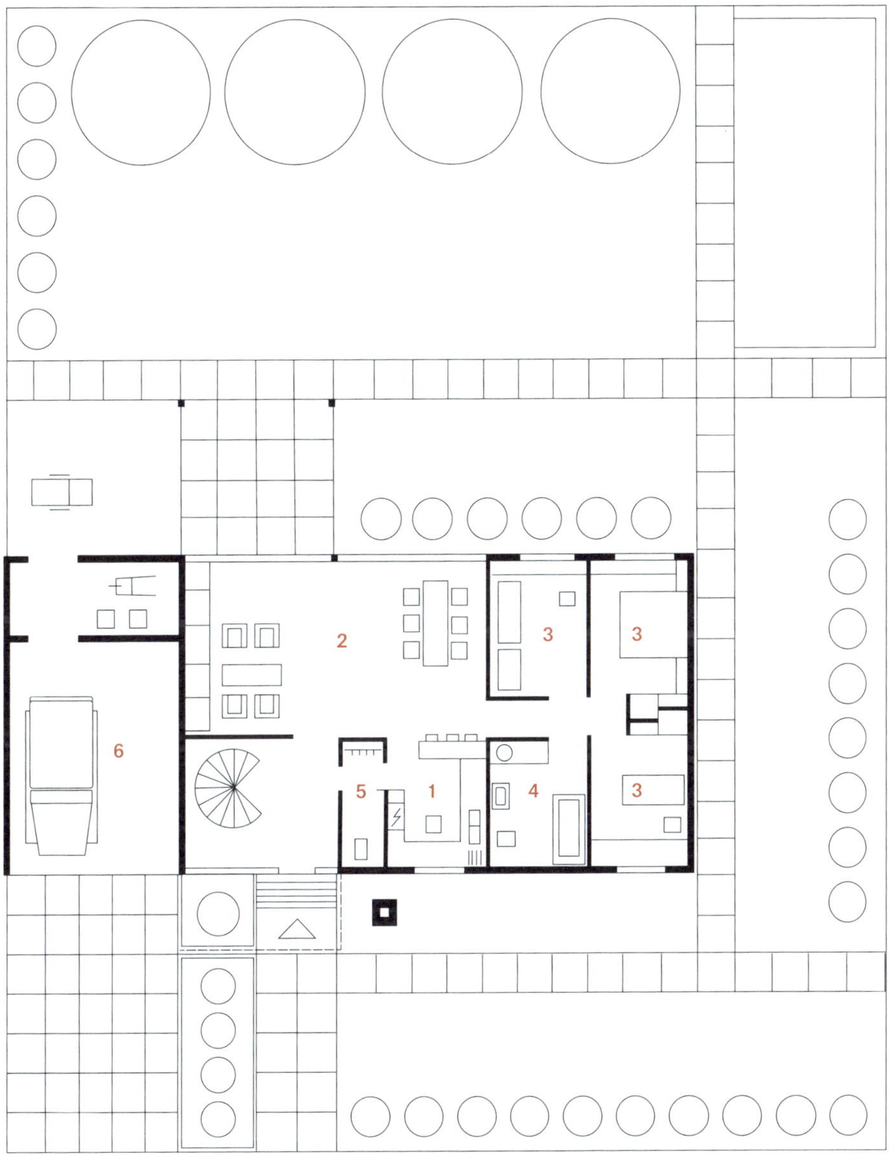

Erdgeschoss

1 Küche
2 Ess-/Wohnraum
3 Schlafräume
4 Bad
5 WC
6 Garage

Volksschule Lustenau-Hasenfeld

1961–64

Ort	Hasenfeldstraße, Lustenau
Bundesland	Vorarlberg
Wettbewerb	1961 (1. Preis)

„Die Entwicklungsstruktur der Marktgemeinde Lustenau zeigt den Charakter einer sehr weitverzweigten Streusiedlung, woraus sich folgende Grundannahme ergibt: In der zu erwartenden Baugestaltung der Schule erschien es zweckmäßig, eine möglichst geschlossene Bauanlage mit mäßiger Höhenentwicklung vorzuschlagen. Durch die folgerichtige, aus dem Inneren gestaltete Anordnung der Baukörper wurde eine weitgehende Durchdringung der Schulhöfe und Freifläche mit Grün erreicht.

Es ist besonders darauf Bedacht genommen worden, die oft für das Kind schwierige Umstellung beim Eintritt in die Volksschule dadurch zu erleichtern, daß bei der Planung der Maßstab des Kindes berücksichtigt wurde.

Die tragenden Bauteile sind größtenteils in Sichtmauerwerk, die flachen horizontalen Dächer in Ortbetonmassivplatten mit schalreiner Untersicht ausgeführt. Die Decken über den Klassenzimmern bilden zugleich die Dachkonstruktion und sind aus sichtbaren Holzteilen."

planen - bauen - wohnen
16 (1965), S. 16.

In Fachzeitschriften

- bauforum 9/10 (1968), S. 21.
- Der Aufbau 11/12 (1966), S. 420.
- planen - bauen - wohnen 16 (1965), S. 16–19.

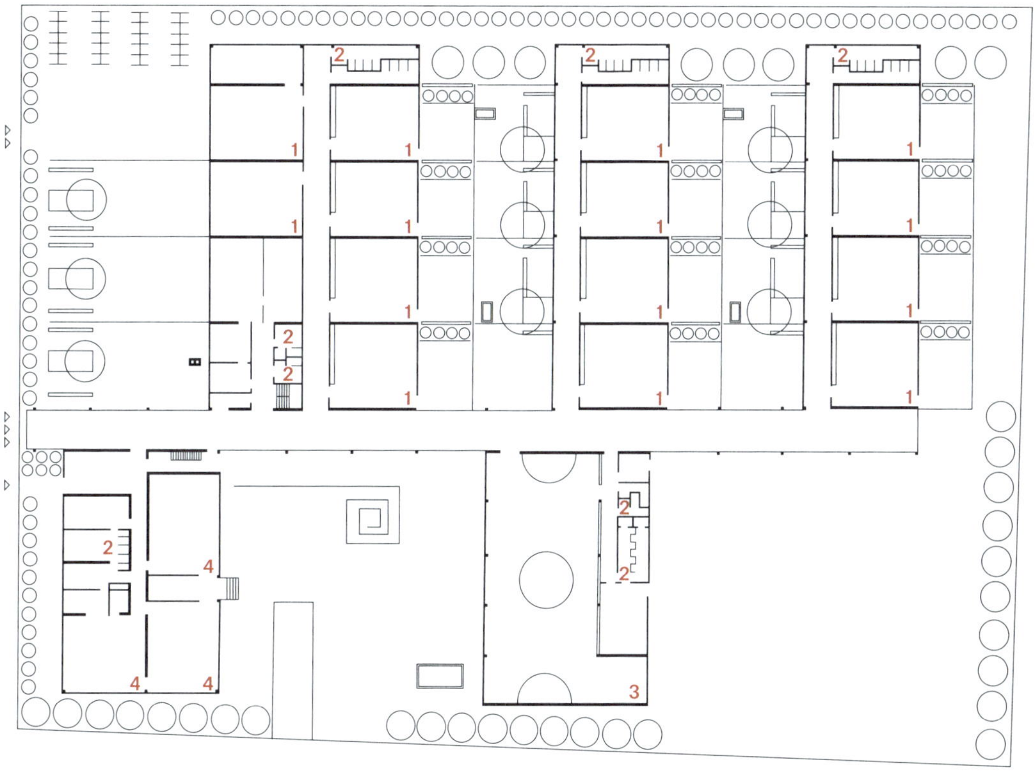

Erdgeschoss

1 Klassenräume
2 WCs/Waschräume
3 Turnsaal
4 Horträume

Ortszentrum Lauterach

1961–72

Ort	Montfortplatz, Lauterach
Bundesland	Vorarlberg

„Dieses Ortszentrum wurde nach den städtebaulichen Vorstellungen der fünfziger Jahre geplant und auch in Etappen gebaut. Ein Problem ist sicher die unmittelbare Lage an der Bundesstraße. Ausbaustufen: 1. drei Wohnblöcke, 1961, 2. Geschäfte, 1962, 3. Altersheim und Entbindungsstation, 1963, 4. Wohnungen und Geschäfte, 1965, 5. Rathaus, 1968. Von der Hauptschule wurden von 1966 bis 1972 drei Etappen gebaut."

Friedrich Achleitner
Österreichische Architektur im 20. Jahrhundert, Bd. 1, Salzburg/Wien 1980, S. 448.

DROGERIE
SCHERTLER
SCHUHE

LUDWIG
GÖTZE
ADEG
POS

1966–72 Hauptschule Lauterach

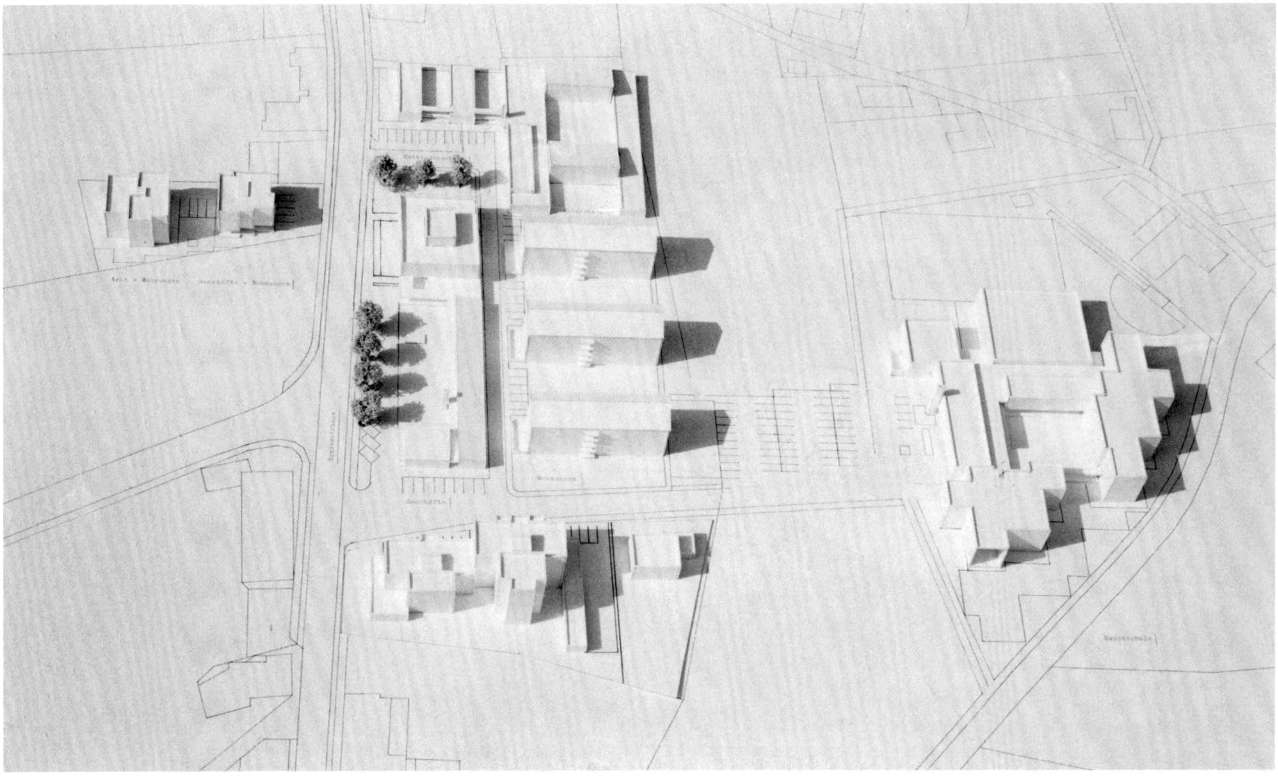

Mercedes-Benz Landesvertretung Dornbirn

1962

Ort	Dornbirn-Schwefel
Bundesland	Vorarlberg
Wettbewerb	1958 (1. Preis)

MERCE

BENZ
Gebrauchtwagen-
halle

Volksschule Lustenau-Rotkreuz

1962–67

Ort	Rotkreuzstraße, Lustenau
Bundesland	Vorarlberg
Wettbewerb	1962 (1. Preis)
Erweiterung	1968

„Alle Klassen sind quadratisch und haben zweifache Belichtung und Belüftung. Der vorgeschlagene zweigeschossige Klassentrakt ermöglicht es, neben bester Belichtung und Belüftung allen Klassen entsprechende Freiräume vorzulegen, die im Erdgeschoß in Form von intim gestalteten Innenhöfen als Pausenplätze benutzt werden können. Ein breiter, gedeckter Mittelgang verbindet die einzelnen Baukörper miteinander. Die Freiflächen für Kindergarten und Turnplatz sind so geplant, daß eine Störung des Unterrichtes durch den Turn- und Spielbetrieb nicht eintreten kann. Die Räume für den Schulwart und die Direktion liegen so, daß sowohl der Vorplatz als auch der Haupteingang und der Freigang leicht überblickt werden können. Die Heizung liegt im Kellergeschoß des Kindergartens.

Der Aufbau
11/12 (1966), S. 421.

Der Kindergarten wird von der Rotkreuzstraße aus durch einen von der Schule vollkommen getrennten Eingang erreicht. Die Aufenthaltsräume sind nach Osten orientiert und haben Querbelichtung und Querbelüftung. Sie sind durch Faltwände getrennt. Dadurch wird ermöglicht, alle drei Räume als einen Saal zu verwenden, wobei der vorderste Raum als Bühne verwendet werden kann. Die einzelnen Klassen der Volksschule sind zu Gruppen von je 4 Klassen mit eigener Eingangshalle, WC-Gruppe, Zentralgarderobe zusammengefaßt. Dadurch kann der Gang im Obergeschoß weitgehend entlastet werden. Auch liegen die Garderoben im Bereich des Ausganges zu den Pausenplätzen.

Im rückwärtigen Teil der Schulanlage und von der gedeckten Halle aus leicht zu erreichen, liegen der Turnsaal mit den erforderlichen Nebenräumen und der Handarbeitstrakt, beide unter Gruppenverschluß. Die Nebenräume zur Turnhalle sind so angeordnet, daß sie sowohl von der Halle als auch vom Turnplatz aus direkt erreicht werden können. Der Turnplatz ist auch vom gedeckten Gang aus zu betreten. Wegen der geringen Höhe der Bauteile kann eine sehr rationelle Ausführung vorgeschlagen werden. Außen Sichtbeton, innen tragende Mauerscheiben verputzt. Zwischenwände in Isoliersteinen beziehungsweise vorfabrizierten Leichtbauplatten. Die flachen horizontalen Bauteile werden in Ortbetonmassivplatten mit schalreiner Untersicht ausgeführt."

In Fachzeitschriften

- Der Aufbau 11/12 (1966), S. 421.
- Bauforum 9/10 (1968), S. 21.

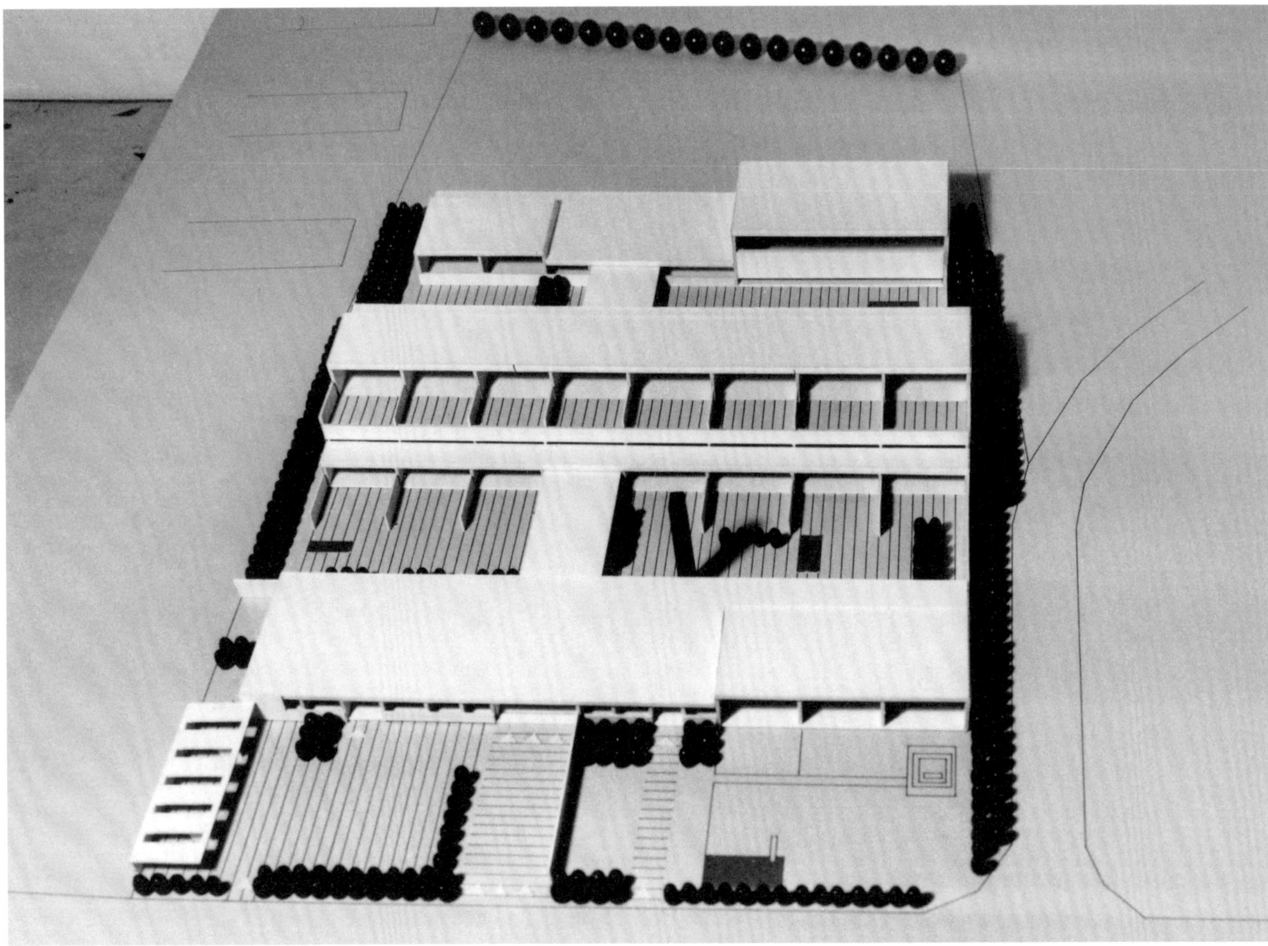

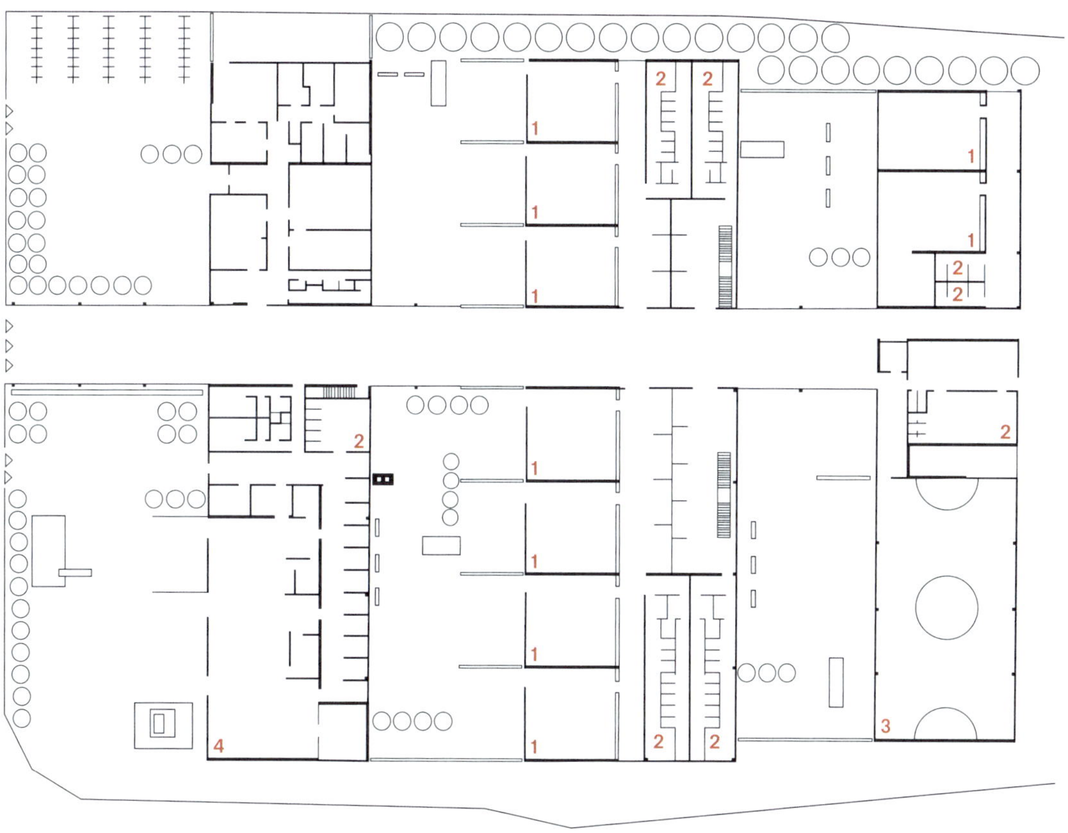

Erdgeschoss

1 Klassenräume

2 WCs/Waschräume

3 Turnsaal

4 Horträume

Hauptschule Nenzing

1965–68

Ort	Landstraße, Nenzing
Bundesland	Vorarlberg
Wettbewerb	1965 (1. Preis)

„Zwölfklassige Hauptschule mit den dazugehörigen Spezialklassen, Schulwartwohnung und Turnhalle mit Nebenräumen. Hanglage, Eingangsebene im Erdgeschoß, Spezialklassen halbgeschossig versetzt. Die Baukörper bilden einen Innenhof. Oberbelichtung der Klassen, freie Bestuhlung. Konstruktion: Stahlbeton nach außen sichtbar. Decken als Kassettendecken kreuzweise armiert, Flachdachkonstruktionen als zweischalige Kaltdächer."

Der Aufbau
11/12 (1966), S. 424.

In Fachzeitschriften

- bauforum 9/10 (1968), S. 21.
- Der Aufbau 11/12 (1966), S. 424.
- planen – bauen – wohnen 22 (1967), S. 40.

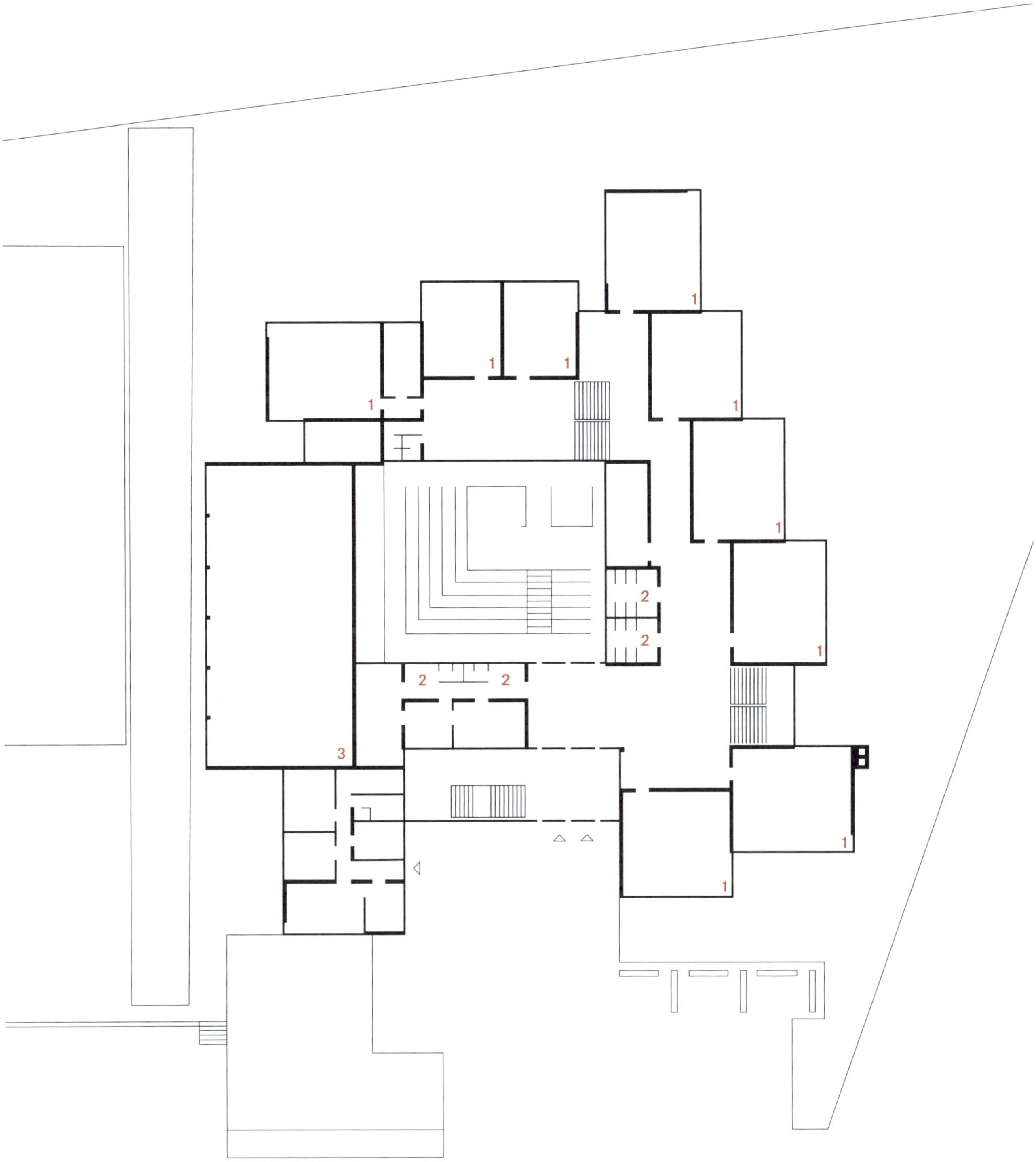

Erdgeschoss

1 Klassenräume
2 WCs/Waschräume
3 Turnsaal

Umbau Wohn- und Geschäftshaus Bregenz/BAWAG

1966

Ort	Bahnhofstraße, Bregenz
Bundesland	Vorarlberg
Wettbewerb	1. Preis

„Planungskonzept: Großer stützenfreier Kundenraum im Erdgeschoß. Lichtdecke über allen Erdgeschoß-Räumen zur Steigerung der Raumwirkung. Raumtrennende Schränke und Zwischenwände nur in Türhöhe. In zwei Obergeschossen Büroräume, im Dachgeschoß eine Wohnung. Vertikale Wegverbindung (Stiege, Lift) und Heizkamin, als einzelne Türme ausgebildet, außerhalb der Obergeschosse des Gebäudes stehend. Dachterrasse.

BMZ
1 (1967), S. 61–63.

Alle Tragkonstruktionen, auch in den Kundenräumen, in Sichtbeton. Ausfachungen und Zwischenwände in der Kassenhalle weiße Polyesterharzplatten. Lichtdecke weiß gespritzter Blechsteckraster. Fassade: Spezialeternitplatten, weiß."

In Fachzeitschriften

- BMZ 1 (1967), S. 61–63.

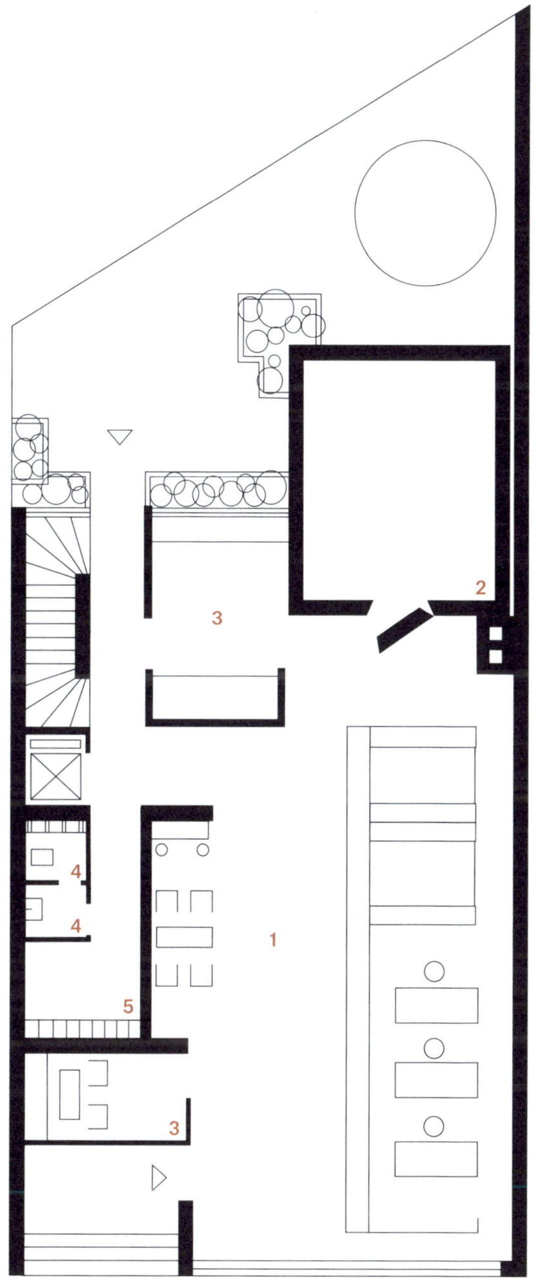

Erdgeschoss

1 Kassenhalle
2 Tresor
3 Büroräume
4 WCs/ Waschräume
5 Garderobe

Volksschule Mäder

1966–68

Ort	Im Brühl, Mäder
Bundesland	Vorarlberg
Wettbewerb	1966 (1. Preis)
Erweiterung	1972, 1985 (C4 Fohn/Sillaber)

„In der zu erwartenden Umgebungsbebauung der Schule erschien es ratsam, eine möglichst geschlossene Bauanlage mit mäßiger Höhenentwicklung vorzuschlagen. Durch die folgerichtige aus dem Inneren gestaltete Anordnung der Baukörper soll eine weitgehende Durchdringung der Schulhöfe und Freifläche mit Grün erreicht werden.

Es wurde versucht, mit dieser Schulanlage dem gegenwärtigen und zu erwartenden Wohnquartier einen kulturellen Mittelpunkt zu geben, und gleichzeitig angestrebt, die der jeweiligen Entwicklungsstufe des Schulkindes entsprechende Umgebung zu gestalten. Ein besonderes Anliegen lag darin, die oft für das Kind schwierige Umstellung beim Eintritt in die Schule dadurch zu erleichtern, daß auf den Maßstab des Kindes Rücksicht genommen wurde. Dies ist aber nicht durch eine einzige große Baumasse erreichbar, sondern nur durch Differenzierung von Gebäudegruppen und Freiflächen.

Die gewünschten 10 Klassen wurden mit den zugeordneten Freiflächen und Nebenräumen als 3 in sich geschlossene Bereiche geplant. Diese Anordnung erlaubt eine weitgehende Differenzierung entsprechend der jeweiligen Alters- und Entwicklungsstufe des Kindes. Durch die vorgesehene Planung ergeben sich zwei in der Verwendung grundsätzlich verschiedene Flächenbereiche. Einerseits die den Klassenzimmern vorgelagerten intim gestalteten Innenhöfe, die dem Freiunterricht zur Verfügung stehen und außerdem als Pausenplätze Verwendung finden. An der Nordseite der Schulanlage sind der Schulgarten, die Spielwiese und der Turnplatz für die Schule. Durch diese Anordnung wird die Lärmbelästigung der Klassen und der dazugehörigen Freiflächen vermieden.

Es wurden durchwegs quadratische Klassen mit zweiseitiger Belichtung und Querlüftung vorgeschlagen. Nur durch quadratische Klassengrundrisse ist es möglich, den heute zu fordernden differenzierten Unterricht zu ermöglichen (freie Bestuhlung, beliebige Möbelstellung, Gruppenunterricht).

Alle tragenden Mauerscheiben und alle Trennwände wurden gemauert und verputzt. Die Füllungen in Leichtkonstruktion, d.h. in Holzkonstruktion und innerer Sichtschalung und äußerer Eternittafelabdeckung ausgeführt."

Festschrift zur Eröffnung der Volksschule Mäder
1972, o. S.

Evangelisches Gemeindezentrum Bregenz

1967–69

Ort	Kosmus-Jenny-Straße, Bregenz
Bundesland	Vorarlberg

Hallen- und Freibad Stubai

1968–70

Ort	Landesstraße, Telfes
Bundesland	Tirol
Wettbewerb	1968 (1. Preis)

„Der 1. Bauabschnitt umfaßt eine Schwimmhalle mit den erforderlichen Nebenräumen, drei Freibecken, die Umkleideanlagen, ein Buffet mit Innenhof und ein Wohnhaus für den Bademeister. Im 2. Bauabschnitt kommen eine Sauna und ein Lehrschwimmbecken dazu. Das Bad liegt in 1000 m Seehöhe in stark fallendem Gelände und ist für 2500 bis 3000 Besucher ausgerichtet. Alle Konstruktionselemente – größtenteils Sichtbeton, Hallendach verleimte Holzbinder, Alu-Hallenfenster – sind in ihren natürlichen Farben gezeigt, lediglich die Naßräume und das Hallenbecken wurden mit weißen Kleinmosaikplättchen ausgelegt."

Bau
3 (1970), S. 5.

In Fachzeitschriften

- architektur aktuell 16 (1970), S. 18.
- Bäder Journal 5 (1970), Titelseite.
- Bau 3 (1970), S. 5.
- bauforum 23 (1971), S. 13.
- Holzleimbau o. A. (ca. 1970/71), S. 6.
- Sport Illustrierte 26 (1971), S. 28.

HALLENBAD
FREIBAD
STUBAI

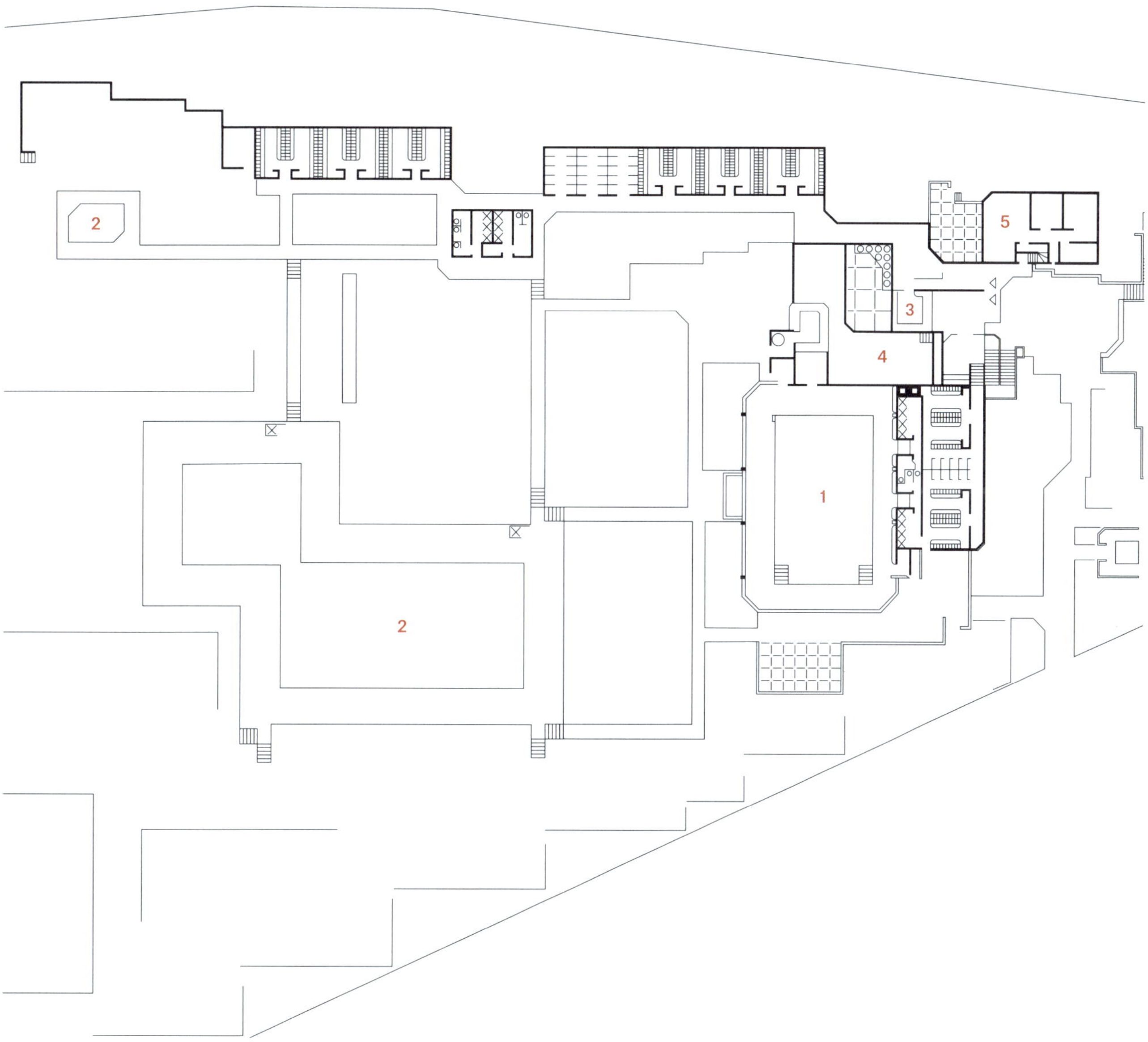

Grundriss

1 Hallenbecken
2 Freibecken
3 Kassa
4 Buffet
5 Wohnung Bademeister

Häusergruppe Manahl-Fohn-Sillaber

1968–70

Ort	Auf der Reute, Lochau
Bundesland	Vorarlberg

Wohnhaus Manahl

Doppelwohnhaus Fohn-Sillaber

Doppelwohnhaus Fohn-Sillaber

Wohnhaus Manahl

Doppelwohnhaus Fohn-Sillaber

Häusergruppe Manahl-Fohn-Sillaber

Doppelwohnhaus Fohn-Sillaber

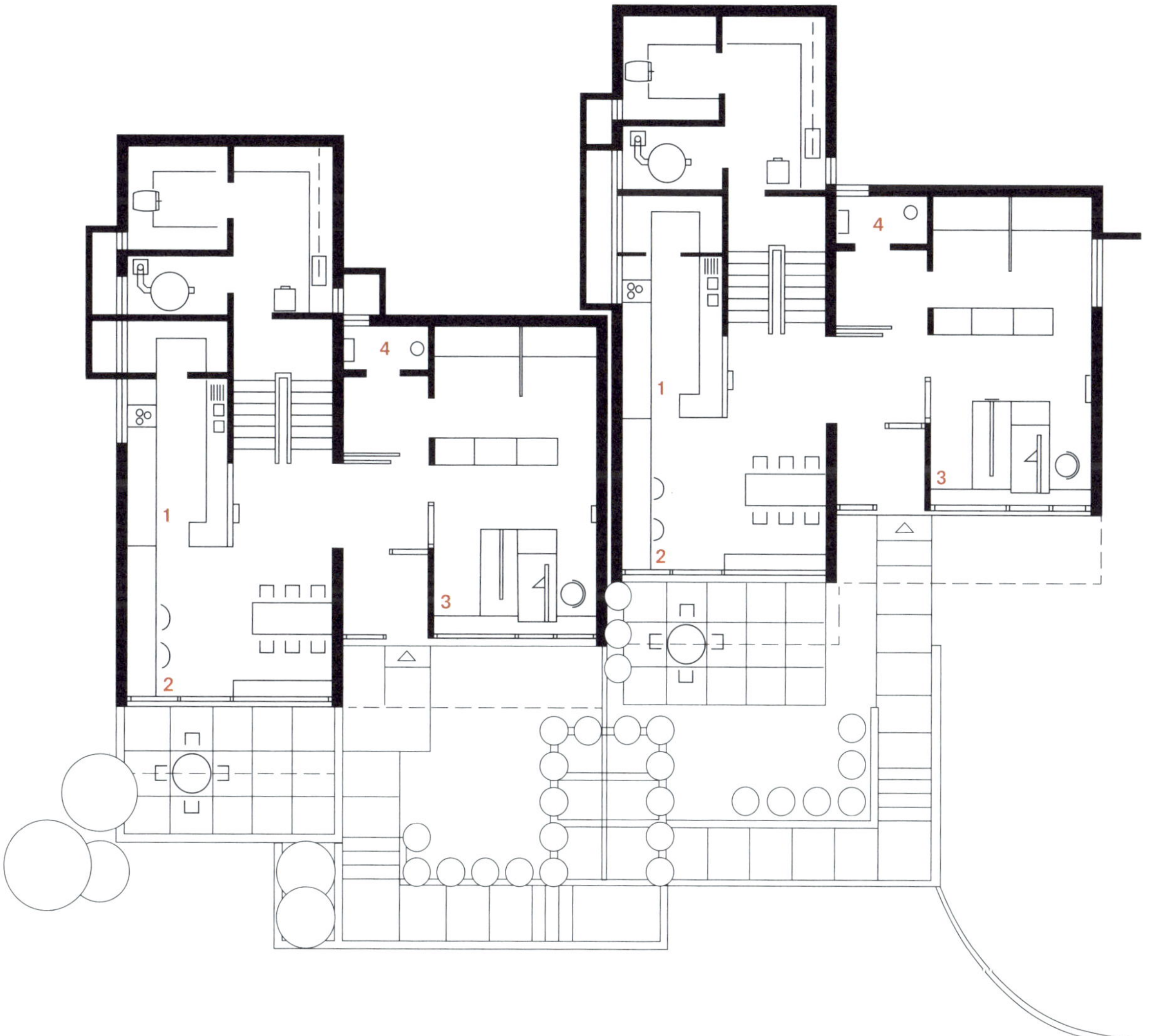

Erdgeschoss
Doppelwohnhaus Fohn-Sillaber

1 Küche
2 Essraum
3 Büro
4 WC

Bundesgymnasium Feldkirch

1968–73

Ort	Rebberggasse, Feldkirch-Levis
Bundesland	Vorarlberg
Wettbewerb	1968 (1. Preis)

„Die starke Konzentration der Funktionsgruppen bringt die Möglichkeit optimaler Nutzung. Die Verkehrswege im Inneren sind kurz und übersichtlich. Allerdings ist die richtig gelegene Zentralgarderobe flächenmäßig zu klein. Die Halle im Erdgeschoß ist für verschiedene Zwecke gut nutzbar. Die wohl streng symmetrische Anlage ist gut in den Baukörper gegliedert und ist in der Höhenentwicklung beherrscht und nicht monumental. Die Freiräume sind gut gestaltet. Die Komposition in der gesamten Schulanlage ist harmonisch. Das Projekt läßt im Bau eine mittlere, im Betrieb jedoch eine gute Wirtschaftlichkeit erwarten."

architektur aktuell
4 (1968), S. 10.

In Fachzeitschriften

- architektur aktuell 4 (1968), S. 10.

BUNDESGYMNASIUM FELDKIRCH

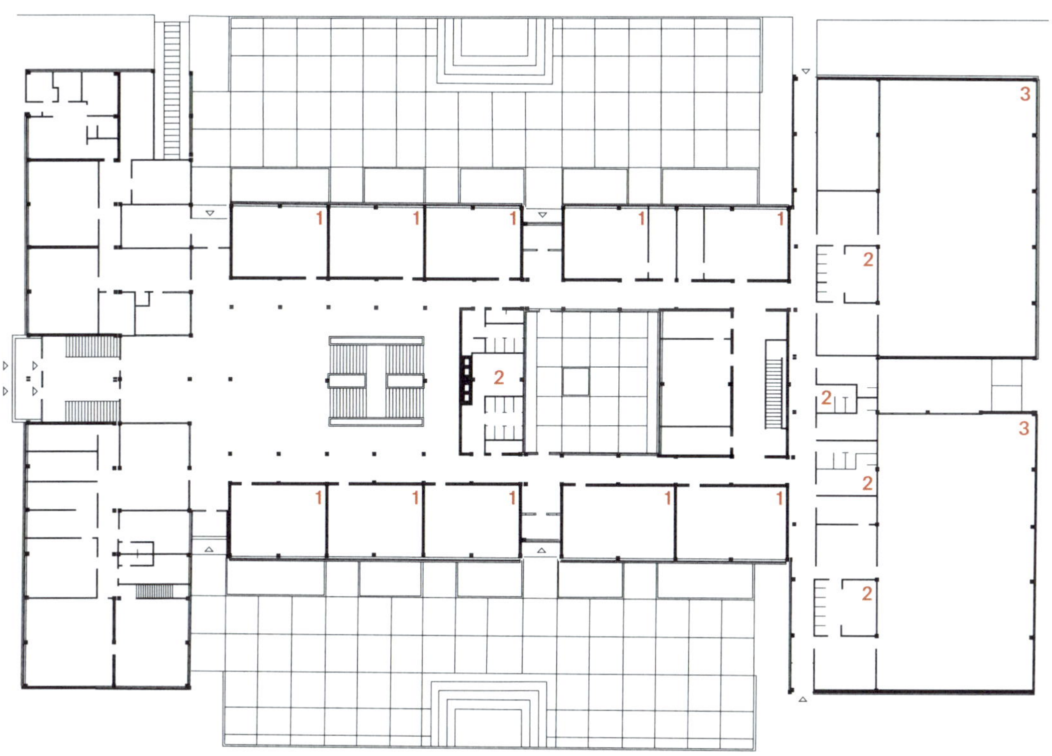

Erdgeschoss

1 Klassenräume
2 WCs/Waschräume
3 Turnsäle

Wohnhaus J.

1969

Ort	Eisengasse, Dornbirn
Bundesland	Vorarlberg

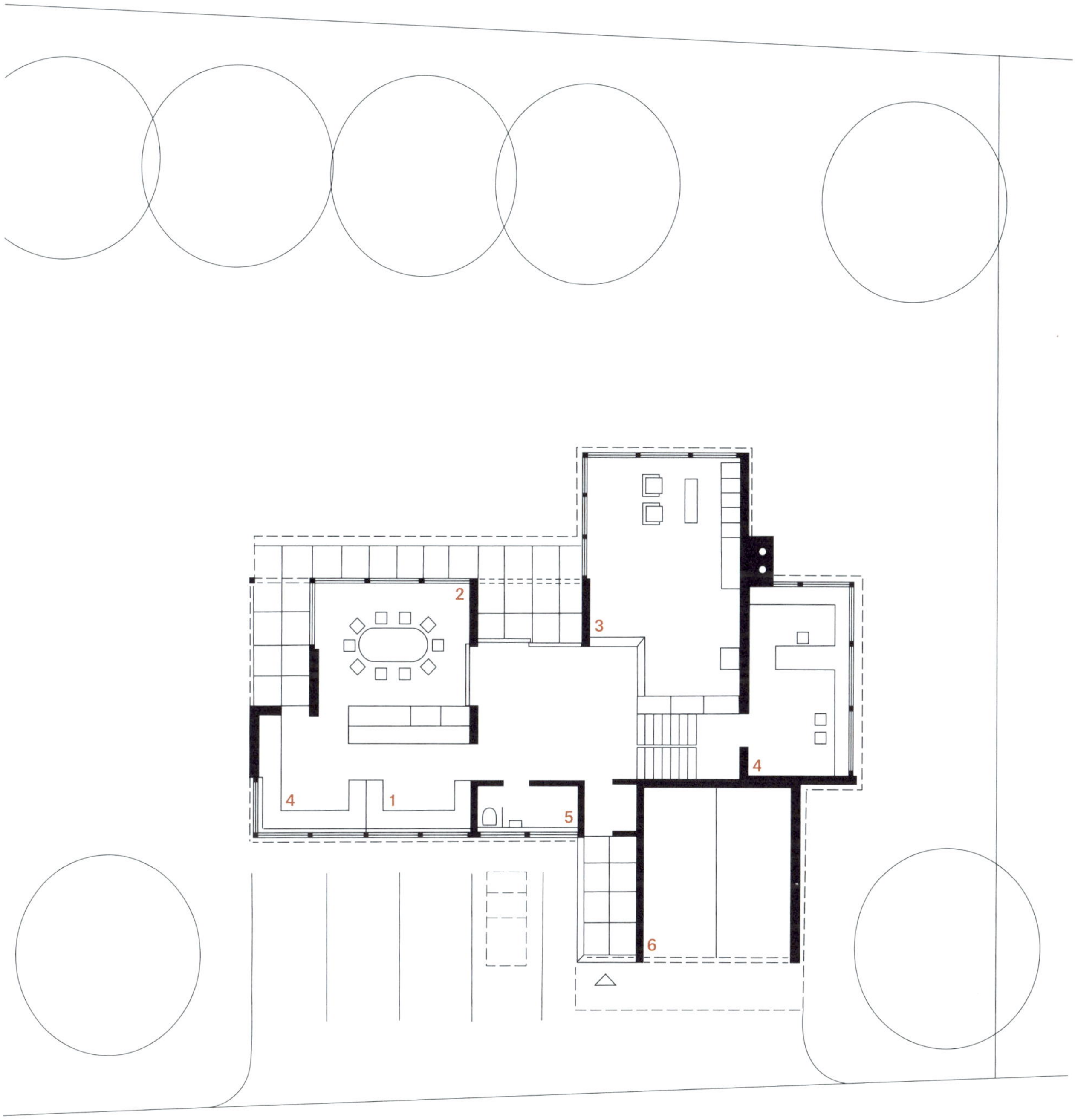

Erdgeschoss

1 Küche
2 Essraum
3 Wohnraum
4 Arbeitsräume
5 WC/Garderobe
6 Garage

Reihenhaussiedlung Amtstorstraße

1970–72

Ort	Amtstorstraße, Bregenz
Bundesland	Vorarlberg
Wettbewerb	1970 (2. Preis beim Städtebaulichen Wettbewerb Mildenberg Bregenz)

„Diese Reihenhaussiedlung folgt sowohl den Schichten (= Krümmung) des Hanges als auch der Mulde im Gelände. Dadurch wird nicht nur eine besondere Einbindung erreicht, sondern auch die visuelle Erfaßbarkeit des langen Baukörpers. Der Haustyp, mit versetzten Geschossen, hat ebenfalls Bezug zum Gelände."

Friedrich Achleitner
Österreichische Architektur im 20. Jahrhundert, Bd. 1, Salzburg/Wien 1980, S. 420.

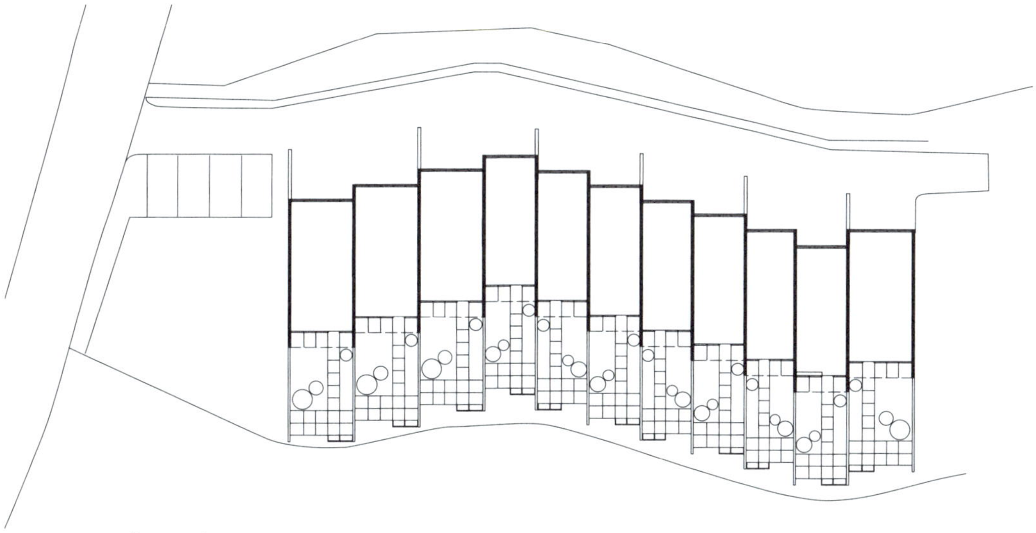

Lageplan

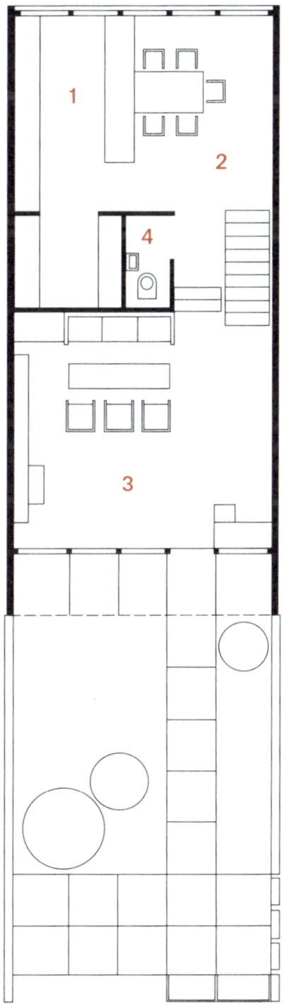

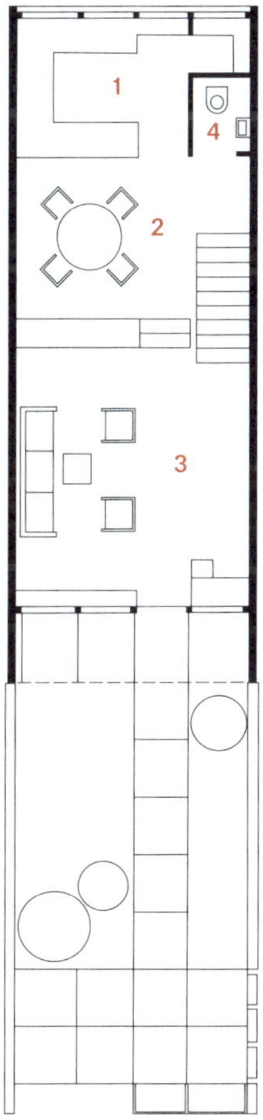

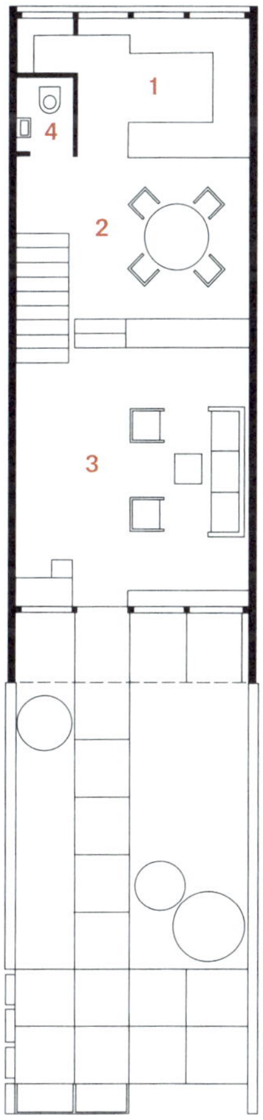

Grundrisse Typ A Typ B Typ C

1 Küche
2 Essraum
3 Wohnraum
4 WC

Wohnhaus Wengler

1970–73

Ort	Burgstall, Mutters
Bundesland	Tirol

Erweiterung Krankenhaus Bregenz

1970–75

Ort	Im Dorf, Bregenz
Bundesland	Vorarlberg
Projektpartner	Hans August Heymanns (Frankfurt)

„Der Bregenzer Krankenhaus-Neubau zeigt ein ehrgeiziges künstlerisches Programm. Es wurden nicht nur die Räume mit Bildern Vorarlberger Künstler ausgestattet, sondern auch die Hallen und Flure mit Kunst bedacht. Am sinnvollsten oder selbstverständlichsten erscheint jedoch dieses Engagement in der Kapelle. Hier wurde ein an sich gestaltloser Raum durch ein hochentwickeltes ästhetisches Programm (mit Licht, Farbe, Geometrie und Textur) in einen intensiv wirkenden, zur Kontemplation anregenden verwandelt."

Friedrich Achleitner
Österreichische Architektur im 20. Jahrhundert, Bd. 1, Salzburg/Wien 1980, S. 414.

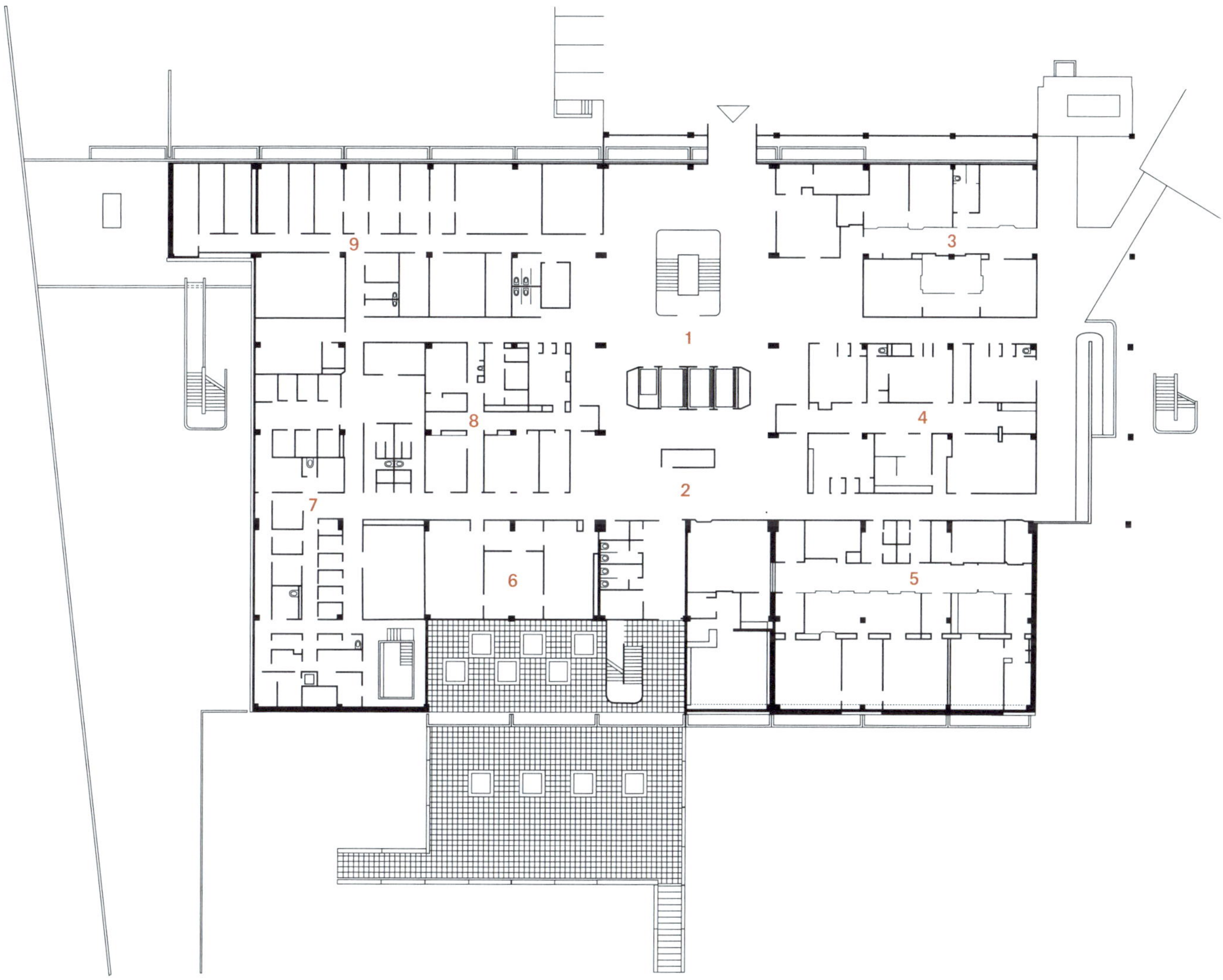

Erdgeschoss

1 Halle extern
2 Halle intern
3 Chirurgische Abteilung
4 Röntgenabteilung
5 Operationsabteilung
6 Labor
7 Physikaltherapie
8 Endoskopie
Funktionsdiagnose
9 Verwaltung

Erweiterungsbau Hotel Lutz

1971–74

Ort	Fulpmes
Bundesland	Tirol

„Die Erweiterung des traditionsreichen Hotels Lutz der Familie Fritz Bacher in Fulpmes umfaßt die Hotelhalle mit der Rezeption, eine Bar, drei Speiseräume, die Küchenvergrößerung sowie in drei Obergeschossen 2- und 1-Bett-Zimmer für weitere 30 Gäste. Der Erweiterungsbau wurde vom Bestand bewußt abgesetzt, um neben einer Baumassengliederung auch den schönen Blick vom unteren Ortsteil zur Kirche hinauf zu erhalten. Im Erdgeschoß bilden Hotelhalle, Bar und Speisesaal einen einzigen Raum, der dem ansteigenden Straßenverlauf folgend durch einige Stiegen nur optisch unterteilt ist und auch als Mehrzweckraum zu den verschiedensten Veranstaltungen herangezogen werden kann."

architektur aktuell
74 (1979), S. 29.

In Fachzeitschriften

- architektur aktuell 74 (1979), S. 29.

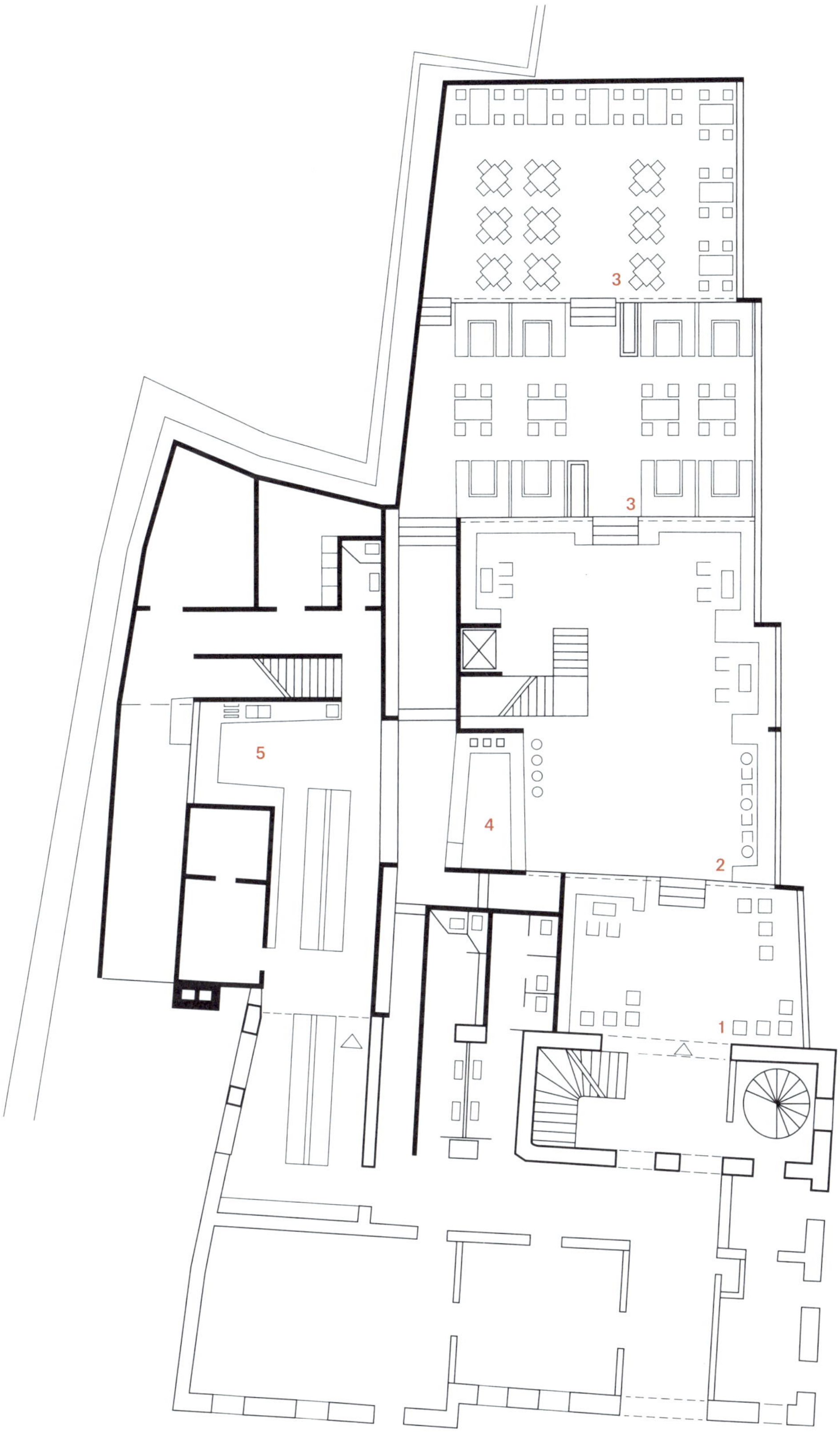

Erdgeschoss

1 Empfangshalle
2 Hotelhalle
3 Speisesäle
4 Bar
5 Küche

Umbau Mus.päd. Realgymnasium und Turnsaal der Barmherzigen Schwestern

1971–75

Ort	Falkstraße, Innsbruck
Bundesland	Tirol

T 109·176

Rathaus Bludenz

1972–74

Ort	Werdenbergerstraße, Bludenz
Bundesland	Vorarlberg

„Bei der Bauetappe 1 – Rathaus – sind die Umfassungs- und tragenden Wände in Stahlbetonskelettbauweise und Stahlbetondecken ausgeführt. Die Fassade erhielt außer den Sichtbetonflächen vorgehängte Betonplattenverkleidungen aus vorgefertigten Teilen. Die oberste Decke ist als Warmflachdach mit innenliegender Entwässerung ausgebildet. [...] In allen Hallen sind dekorative Kassettendecken in Sichtbeton hergestellt. Für die Gestaltung des Treppenhauses wurden Sichtbetonblumentröge für die Unterbringung einer Hydrokultur errichtet. [...] Die Freifläche vor dem Haupteingang, die ein Ort der Begegnung sein soll, erhielt mit der Ausführung eines Wasserbeckens mit Springbrunnen sowie durch die Aufstellung von Betonwürfeln eine künstlerische Gestaltung. An der Südseite sind Pflanzentröge in Sichtbeton ausgeführt worden."

Stadt Bludenz (Hg.)
Festschrift zur Eröffnung und Einweihung des Rathaus am 28. September 1974, o. S.

RATHAUS
RATHAUS

Sport- und Freizeitzentrum St. Johann

1972–75

Ort	St. Johann in Tirol
Bundesland	Tirol
Wettbewerb	1971 (1. Preis)

„Durch die – unter Bedachtnahme auf den Baubestand, die Lage der umgebenden Straßen und die Wind- und Besonnungsverhältnisse – erfolgte Gruppierung der Baukörper am Grundstück soll ein lebendig gegliederter Außenraum geschaffen werden. Die nach funktionellen Gegebenheiten angelegten Gebäudegruppen stehen in architektonisch abgewogener Beziehung zueinander und zu den korrespondierenden Freiflächen. Zufahrt und Zugang erfolgen von den beiden Nebenstraßen aus, wobei im Grundstücksbereich der Fußgänger- vom Fahrzeugverkehr getrennt ist. Ausgangspunkt für die funktionelle Anlage des Entwurfes war die Forderung der ausschreibenden Stelle, für alle Anlagen nur eine gemeinsame Kasse vorzusehen, um einen geringen Personalaufwand zu sichern. Um von der Kasse aus eine gute Obersicht und Kontrolle zu gewährleisten, wurde der Eingangsbereich in drei Teile gegliedert:

1. die Kassenhalle für zahlende Besucher aller Einrichtungen, die auch im Winter benützt werden können – Hallenbad, Sauna, Tennishalle und Eislaufplatz;
2. den getrennten Freibadzugang von außen an der Kasse vorbei, für zahlende Besucher des Freibades – Sommerbetrieb;
3. den Restaurant-Aufgang, von allen vorgenannten Einrichtungen getrennt – die Kontrolle der Eingangshalle von der Kasse aus darf nicht behindert werden."

Bäder Journal 3 (1973), S. 36.

In Fachzeitschriften

- Bäder Journal 6 (1972), S. 53.
- Bäder Journal 3 (1973), S. 34–39.

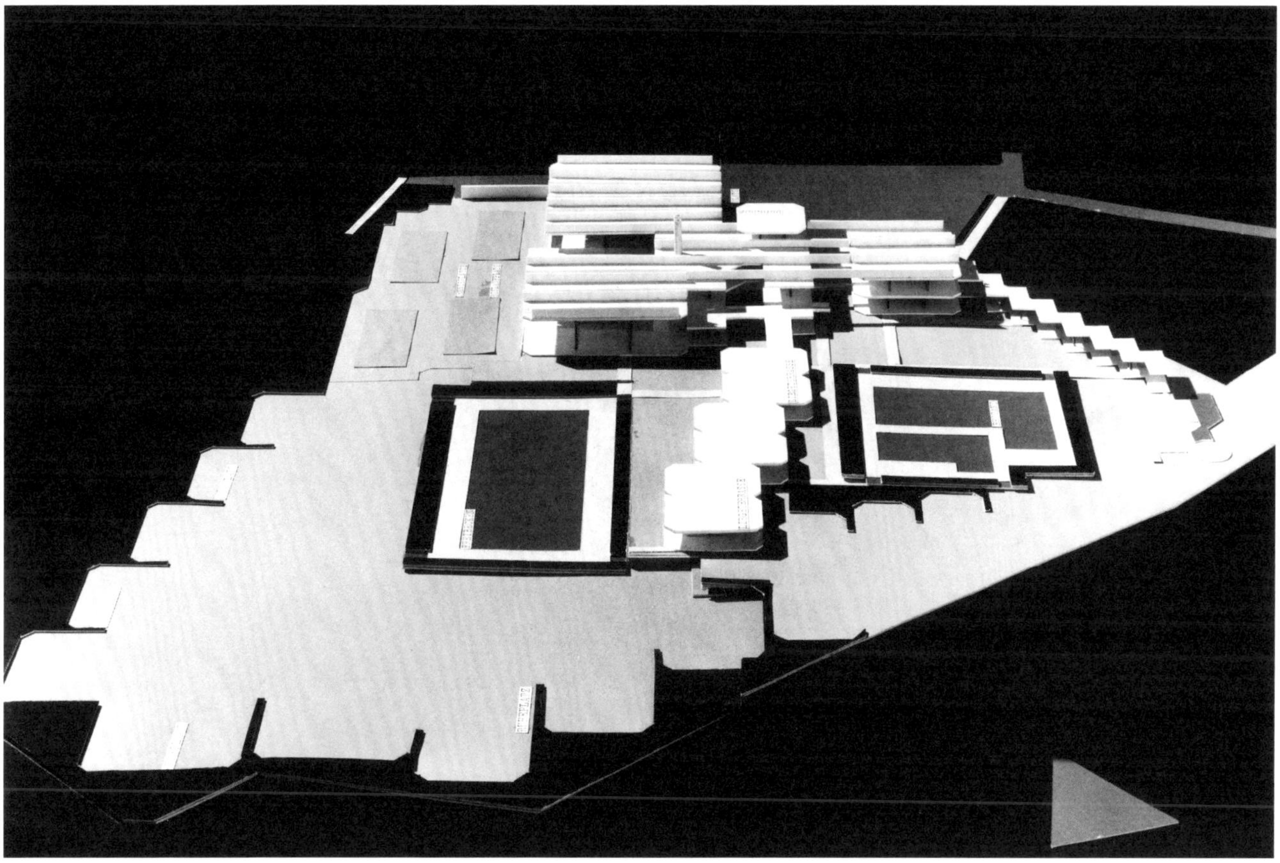

Wohn- und Bürohaus Bergstraße

1973–78

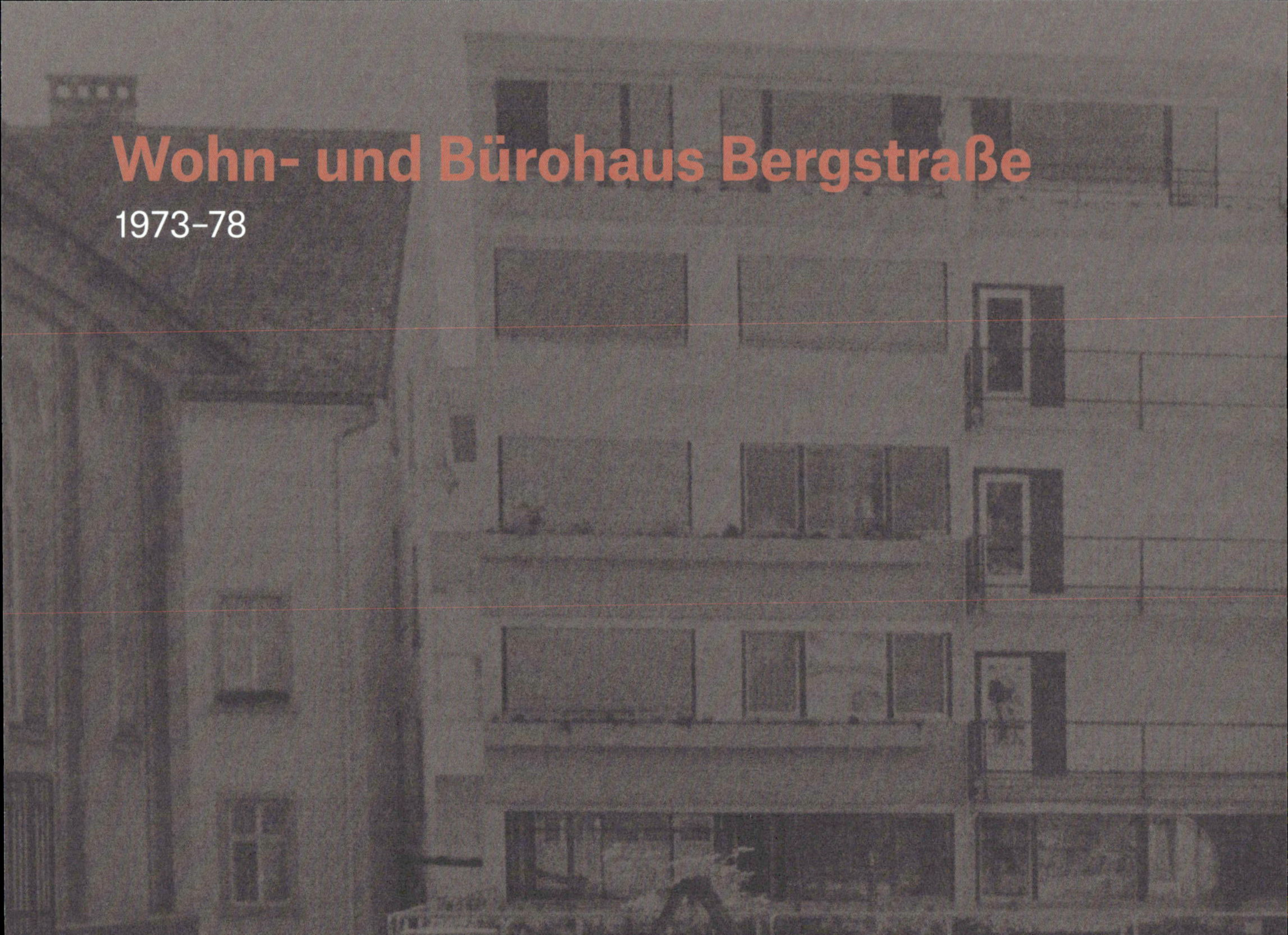

2. Obergeschoss

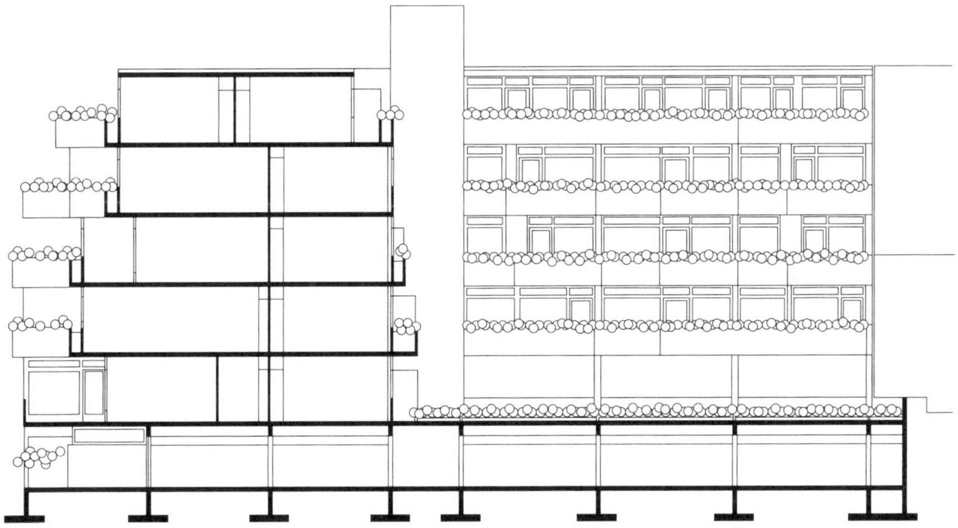

Schnitt

Volksschule Bregenz-Stadt

1974

Ort	Schillerstraße, Bregenz
Bundesland	Vorarlberg
Erweiterung	1980–82 Schulwartwohnung und Turnhalle (C4 Fohn/Sillaber)

„Die Landeshauptstadt Bregenz stand vor dem Problem, in relativ kurzer Bauzeit ein Schulobjekt zu errichten, das auch bestimmte architektonische Qualitäten aufweist und trotzdem den wirtschaftlichen Rahmen nicht überschreitet. Der Architektengruppe C4 gelang es, ein Schulobjekt zu konzipieren, daß den Anforderungen der Schule und der städtebaulichen Eingliederung in die Umgebung sehr gut entspricht. Gewählt wurde eine Fertigteilbauweise, die in einer Art Baukastensystem innerhalb kürzester Zeit (6 Monate) die Errichtung des Rohbaus ermöglichte."

Festschrift zur Eröffnung der Volksschule Bregenz-Stadt
23. November 1974, S. 5–6.

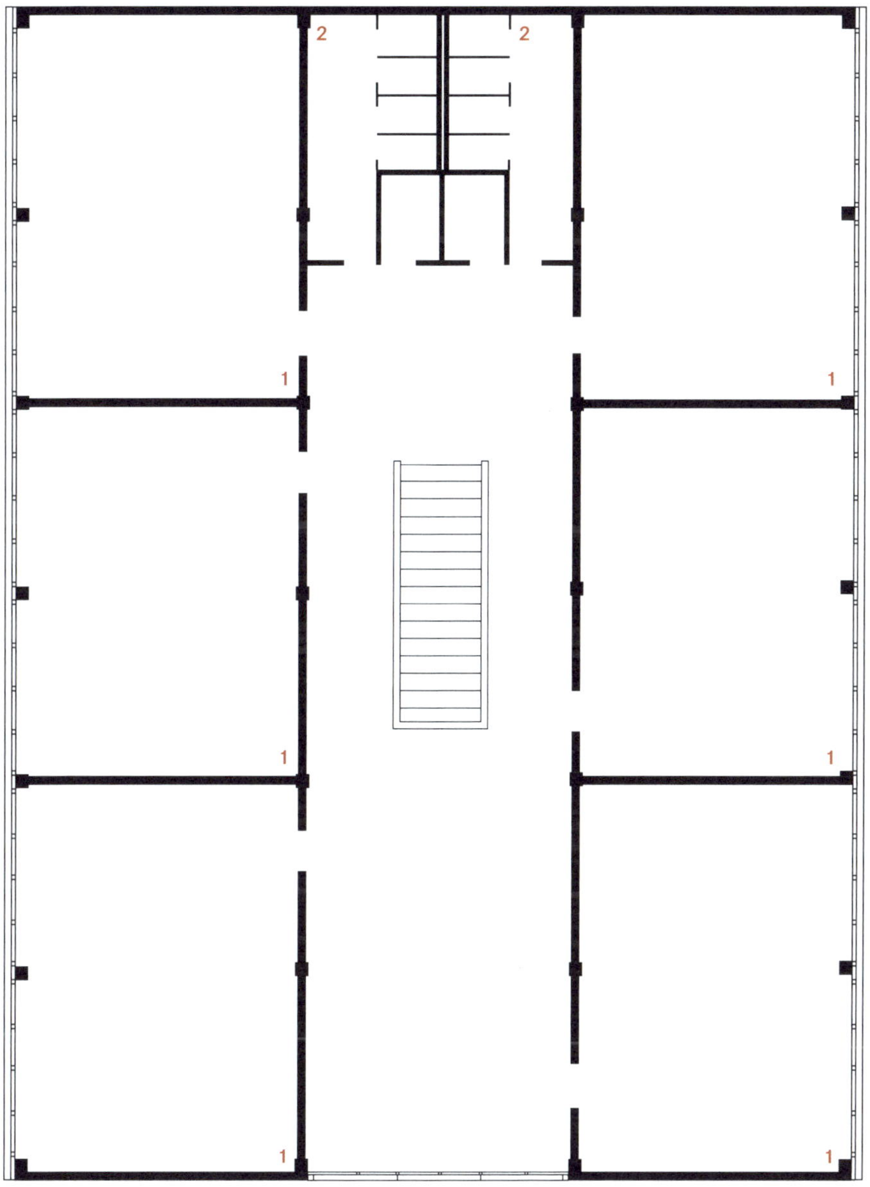

2. Obergeschoss

1 Klassenräume
2 WC/Waschräume

Freizeitzentrum Sautens

1974–76

Ort	Mühlgasse, Sautens im Ötztal
Bundesland	Tirol

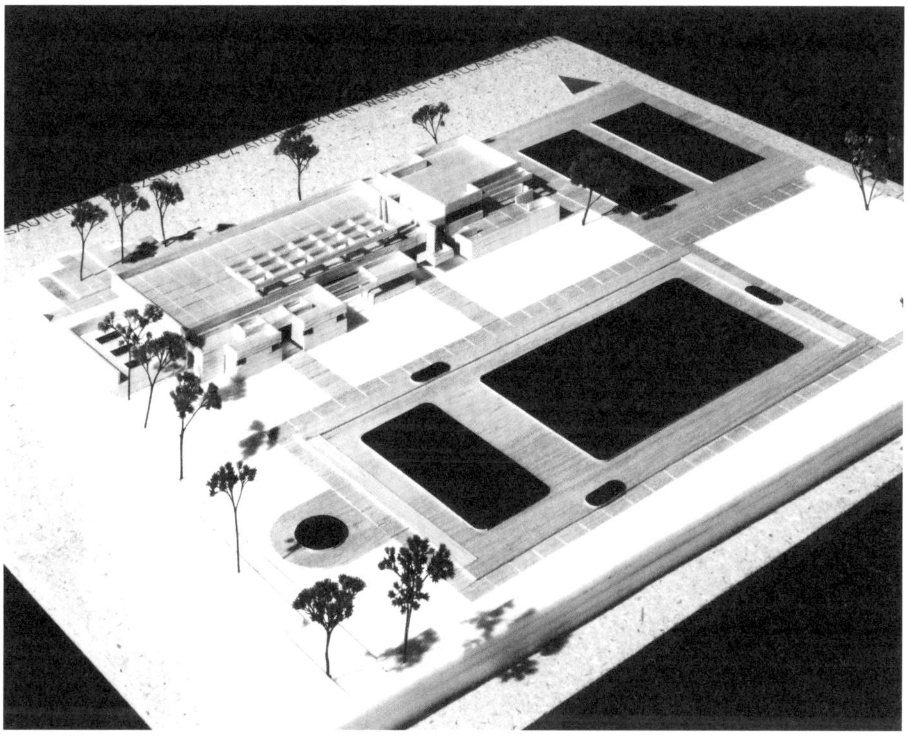

Höhere Technische Bundeslehr- und Versuchsanstalt (HTL) Rankweil

1974–76

Ort	Negrellistraße, Rankweil
Bundesland	Vorarlberg

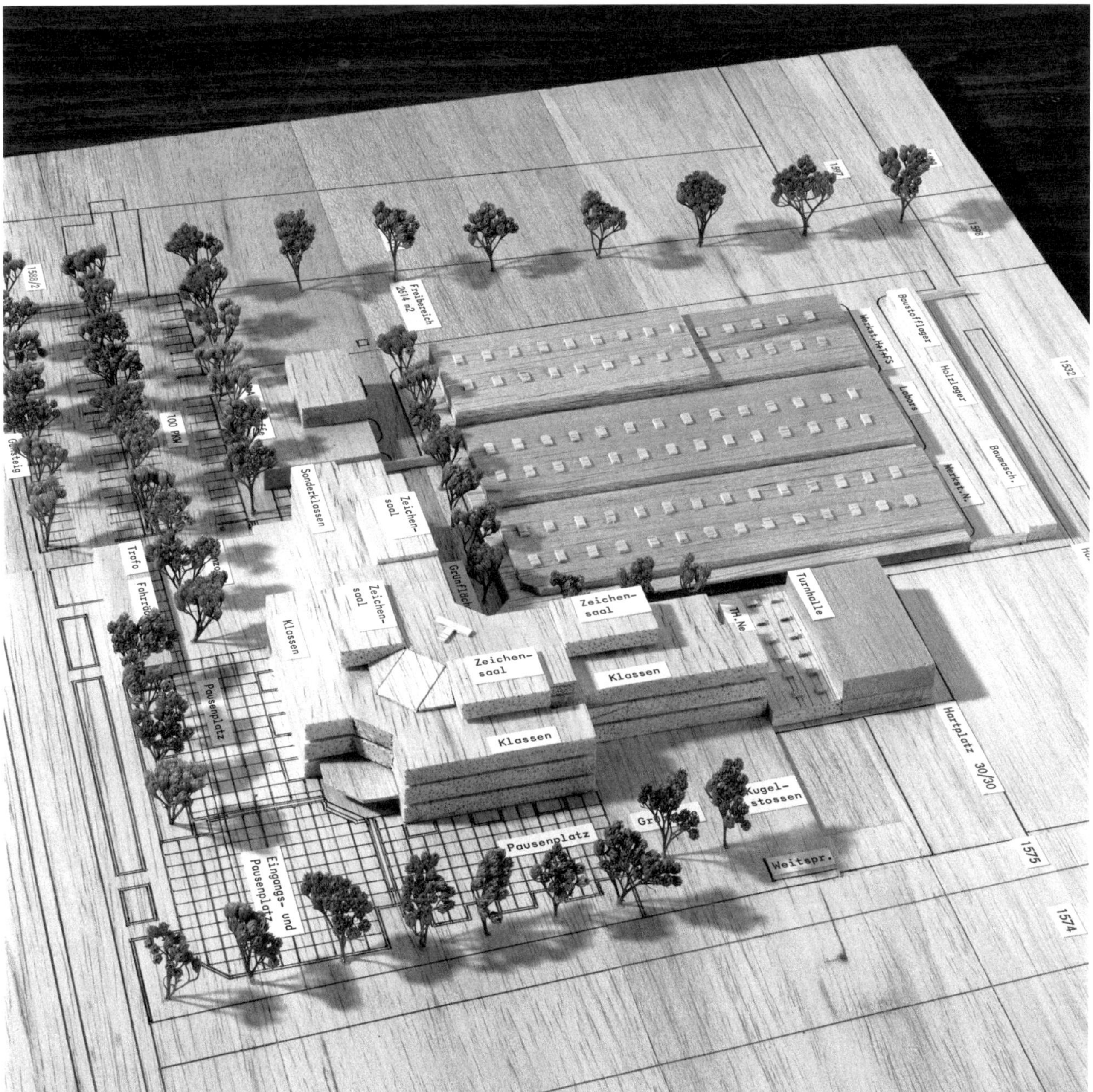
Freibereich
2014 m2
100 PKW
Sonderklassen
Zeichen-
saal
Trafo
Klassen
Pausenplatz
Zeichen-
saal
Zeichen-
saal
Klassen
Zeichen-
saal
Klassen
Turnhalle
Baustofflager
Holzlager
Labors
Baumasch.
Hartplatz 30/30
Kugel-
stossen
Weitspr.
Pausenplatz
Eingangs- und
Pausenplatz
1532
1575
1574

HÖH
LEHR

HNISCHE BUNDES-
VERSUCHSANSTALT

Kinderdorf Kronhalde Vorarlberg

1974–76

Ort	Kronhaldenweg, Bregenz
Bundesland	Vorarlberg
Wettbewerb	1973 (1. Preis beim Städtebaulichen Wettbewerb Kronhalde)
Erweiterung	1985–2000 (C4 Fohn/Sillaber)

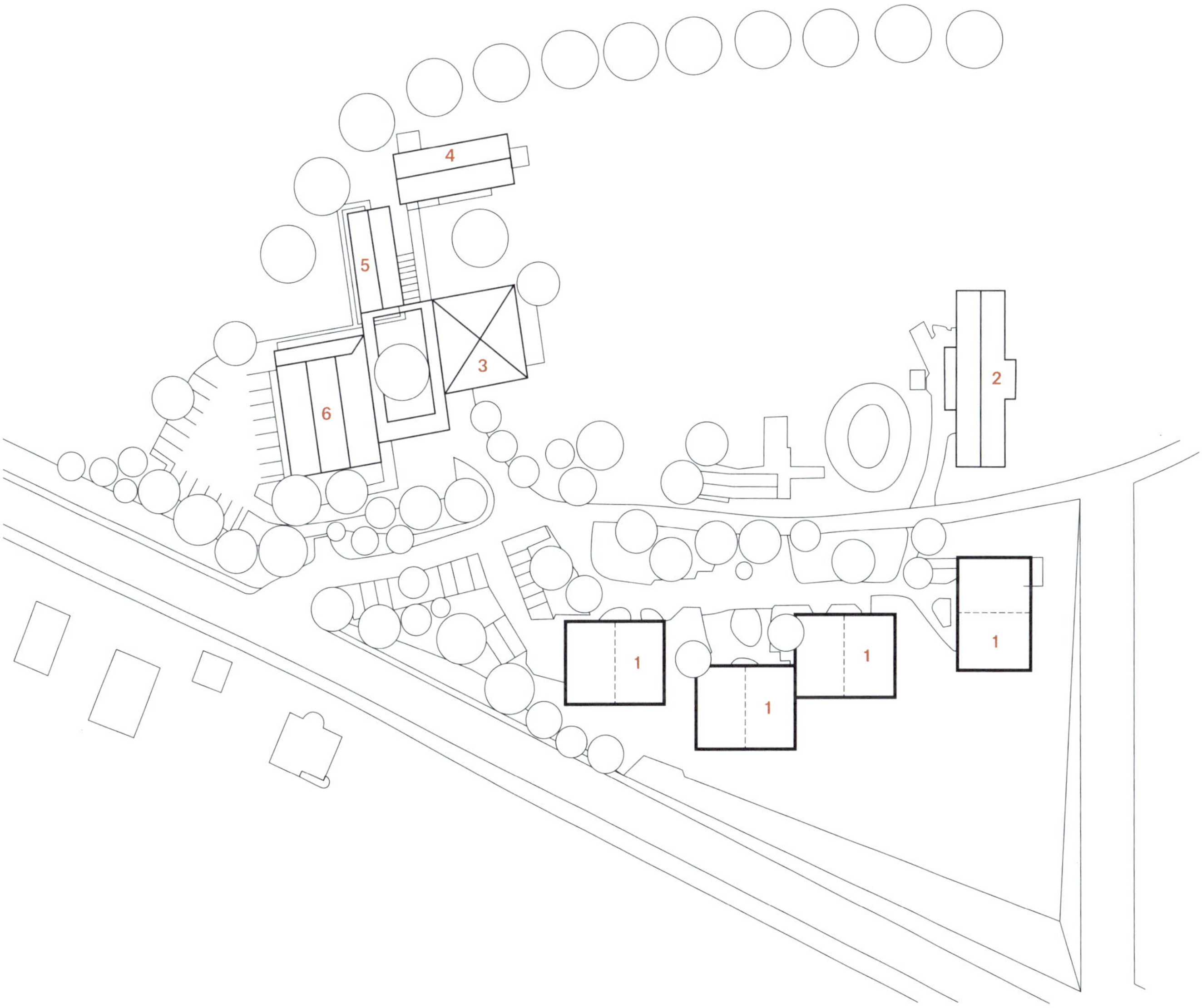

Lageplan

1 Doppelwohnhäuser (1974)
2 Doppelwohnhaus (1986)
3 Gemeinschaftshaus (1986)
Aufstockung (2009)
4 Hugo Kleinbrod-Haus (2002)
5 Wohnhaus (1986)
6 Mehrzwecksaal (1986)

Reihenhaussiedlung Im Wingat

1977–79

Ort	Im Wingat, Bregenz-Rieden
Bundesland	Vorarlberg

Lageplan

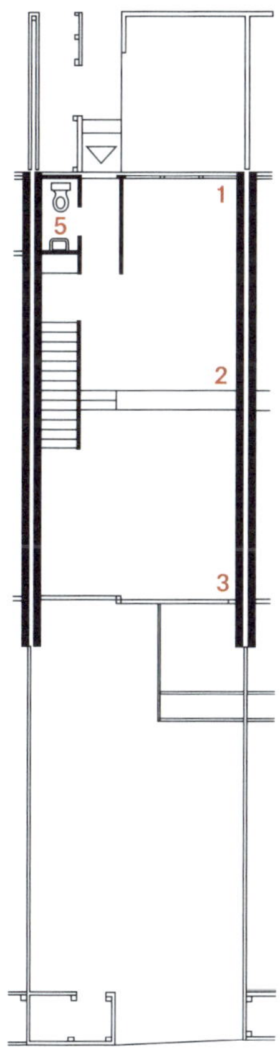

EG

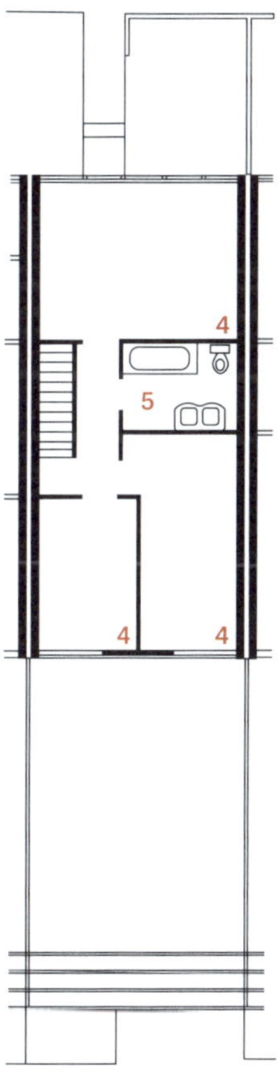

OG

1 Küche
2 Essraum
3 Wohnraum
4 Schlafräume
5 Bad/WC

Doppelwohnhaus Fohn-Sillaber

C4 Architektur heute – Fotoserie
Petra Rainer

SPAR

DIE COLLAGE

Reihenhaussiedlung Amtstorstraße

TROCKEN
HELDEN

Volksschule Lustenau-Hasenfeld

C4 im Fokus des Denkmalschutzes

Barbara Keiler
Abteilungsleiterin des Bundesdenkmalamtes in Vorarlberg

Das Bundesdenkmalamt (BDA) hat die Aufgabe, das kulturelle Erbe Österreichs zu erhalten, es zu erforschen, zu schützen und zu pflegen. Das Denkmalschutzgesetz ermöglicht es, aus der Masse der überlieferten historischen Objekte jene auszuwählen, die als ein unverzichtbarer Teil des gemeinsamen kulturellen Erbes für die Zukunft bewahrt und daher unter Denkmalschutz gestellt werden sollen. Tatsache ist, dass viele der im Zuge des wirtschaftlichen Aufschwungs errichteten Wohn-, Schul-, Verwaltungs- oder Industriebauten nicht inventarisiert sind. Hotelbauten oder Interieurs von Banken oder Restaurants sind uns kaum unverändert erhalten geblieben – zu groß war und ist der Erneuerungsdruck in diesen Branchen. Nachdem das österreichische Denkmalschutzgesetz im Gegensatz zu anderen europäischen Ländern kein Mindestalter als Kriterium kennt, ist es nun höchste Zeit, dass sich die Denkmalpflege mit den Bauten des späteren 20. Jahrhunderts auseinandersetzt.

Die Auswahl aus dieser großen Masse ist Herausforderung und Verantwortung zugleich. Dabei gilt es eine Ausgewogenheit zwischen den Regionen, den Bauaufgaben und den Protagonisten anzustreben. Die Arbeit des institutionalisierten Denkmalschutzes wird natürlich um vieles erleichtert, wenn entsprechende Forschungsarbeiten oder Monografien zu den Bauten und Architekten vorliegen.

Was die Werke der C4 Architekten betrifft, so stehen bisher nur wenige Objekte unter Denkmalschutz. Denn bei der endgültigen Entscheidung für die Einleitung eines Unterschutzstellungsverfahrens ist unter anderem zu berücksichtigen, ob die Grundidee des Entwurfs nach wie vor ablesbar ist und wie weit die ursprüngliche Substanz bzw. originäre Oberfläche noch vorhanden ist. Das mag auch erklären, warum Schlüsselwerke wie die C4 Schulen in Nüziders (1960–63)[1], Lustenau-Rotkreuz (1962–67)[2], Nenzing (1965–68)[3] oder auch das Krankenhaus in Bregenz (1970–75)[4] nicht unter Schutz stehen.

2020 ist es dem BDA jedoch gelungen die ersten Schulbauten von C4 unter Denkmalschutz zu stellen: die 1964 fertiggestellte Volksschule in Lustenau-Hasenfeld[5] sowie die von Max Fohn und Karl Sillaber ab 1957 geplante Volksschule in Bludenz-Obdorf, die 1961 eröffnet wurde. Sabine Weigl begründet dies in ihrem Gutachten zur Unterschutzstellung folgendermaßen: „An der Architektur der Schulen ist die Abkehr vom ausschließlichen Frontalunterricht ablesbar. Die Architektengemeinschaft C4 ließ moderne pädagogische Erkenntnisse direkt in die architektonische Formensprache umsetzen. Ihre quadratischen Klassenräume mit beidseitiger Belichtung

1 ⟶ Seite 28
2 ⟶ Seite 82
3 ⟶ Seite 88
4 ⟶ Seite 142
5 ⟶ Seite 64

und Belüftung ermöglichen unter kontinuierlicher Nutzung einen flexiblen Unterricht je nach Bedarf. Die Architektengemeinschaft C4 prägte die Architekturlandschaft Vorarlbergs über 50 Jahre. Sie sorgten mit ihren meist ebenerdigen Schulen für eine Innovation im Schulbau in Vorarlberg. Ihre Architektur steht für Materialechtheit, Ehrlichkeit in der Konstruktion und kindgerechte Maßstäbe. Ohne jegliche Repräsentationsansprüche wurde speziell auf die Bedürfnisse der Schülerinnen und Schüler eingegangen. Dazu gehört auch die ursprüngliche Verwendung von Baumaterialien, um den Kindern schon sehr früh ein echtes Materialgefühl zu vermitteln."

Spätere C4 Schulen wie die Höhere Technische Bundeslehr- und Versuchsanstalt in Rankweil[6] (inkl. Erweiterung um HLW bis 1976) und die 1965 eröffnete Bundeshandelsakademie und -handelsschule in Bregenz[7] (mit Zubauten und Sanierungen bis in die jüngere Gegenwart) befinden sich noch auf der Prüfliste des BDA. Denn gerade die C4 Schulbauten spiegeln in exemplarischer Weise die Entwicklung des österreichischen Schulbaus in Vorarlberg wider: von ebenerdigen Flachbauten mit zweiseitig belichteten Klassen und Freiluftbezug hin zu zentral erschlossenen mehrgeschossigen Hallenschulen. Im Material der Konstruktion und der Ausstattung formen sie sich von zarten Betonkonstruktionen mit Ziegelfüllungen und Holzfenstern hin zu Sichtbetonbauten aus Fertigteilelementen und Metallfenstern.

Eine weitere interessante Bauaufgabe für den Denkmalschutz stellen die Reihenhaussiedlungen dar, die ab Mitte der 1960er Jahre in Vorarlberg entstanden sind. Erfreulicherweise konnten mittlerweile die Verfahren für die Siedlung Halde I+II (1965–67) von Hans Purin in Bludenz sowie die Siedlung Ruhwiesen (1973) von Rudolf Wäger in Schlins abgeschlossen und die Objekte unter Schutz gestellt werden. Beide sind Schlüsselwerke für gemeinschaftliches Bauen und ressourcenschonenden Umgang mit Material und Baugrund. Nun gilt es auch in dieser Bauaufgabe ‚in die Breite' zu gehen. Von C4 wären hier die Siedlungen Amtstorstraße (1970–72)[8] sowie Im Wingat (1977–79)[9] in Bregenz näher zu prüfen. Auch die nach der Auflösung von C4 entstandene und von Fohn und Sillaber geplante Siedlung Weißenreuteweg (1979) in Bregenz zählt dazu. Typisch für diese Anlagen sind die Split-Levels, die Einfügung ins Gelände, gliedernde Vor- und Rücksprünge sowie der Einsatz von Holz und Mauerwerk in ausgewogener Art und Weise. Auch die C4 Häusergruppe Auf der Reute (1968–70)[10] in Bregenz, die das Doppelwohnhaus Fohn-Sillaber (Auf der Reute 20/22) und das Wohnhaus Manahl (Auf der Reute 15) umfasst, sowie weitere Einfamilienhäuser liegen durchaus im Blickfeld des BDA. Das in der Bludenzer Spitalgasse

6 → Seite 186
7 → Seite 48
8 → Seite 134
9 → Seite 194
10 → Seite 116

erbaute Wohnhaus (1967) stellt ein weiteres innovatives Beispiel eines Wohngebäudes der 1960er Jahre dar. Das Bludenzer Rathaus (1972–74)[11] ist nach wie vor etwas umstritten, weshalb hier (noch) keine Entscheidung vorliegt.

Schon in den späten 1960er Jahren errichtete die Architektengemeinschaft C4 für die Evangelische Kirche in Bregenz ein Gemeindezentrum (1967–69)[12] und Karl Sillaber begleitete ein halbes Jahrhundert später die Außensanierung der dortigen Kreuzkirche. In der vorliegenden Publikation bleiben Bauten unberücksichtigt, die Karl Sillaber und Max Fohn nach 1979 planten. Dazu sind vonseiten der Denkmalpflege viele kirchliche Sanierungsprojekte zu erwähnen, die in diesen späten Jahren den Büroalltag prägten. Neben den Pfarrkirchen in Sulzberg (1989–92), Bregenz Fluh (1988–89) und Bregenz Herz Jesu (1992–94) sowie der Nepomukkapelle in Bregenz (1995–97) waren dies das Kapuzinerkloster in Feldkirch (2005–07) und die Leonhardskapelle in Sulzberg (2003–06). All diese Objekte stehen ex lege unter Denkmalschutz, da sie in kirchlichem Besitz waren und wodurch ihre Sanierung und ihr Umbau auch denkmalpflegerisch begleitet wurden. Die Verfasserin dieses Beitrags kennt und schätzt aus jener Zeit Handskizzen, Detailzeichnungen und die stete Aufsicht der Architekten auf genaueste Ausführung und Materialgerechtigkeit.

11 ⟶ Seite 160
12 ⟶ Seite 106

Karl Sillaber

Generationendialog

Sonja Pisarik
Kuratorin Architekturzentrum
Wien

Sein Alter merkt man Karl Sillaber kaum an. Mit geradezu jugendlicher Verve nimmt er nach wie vor lebhaft am Architekturgeschehen teil – eine gute Voraussetzung für die Generationendialoge, die ihn im Oktober 2019 mit jungen Vertreter*innen der Vorarlberger Architekturszene zusammenführten. Die Gesprächsreihe war ein Kernstück der Ausstellung *Vorarlberg – Ein Generationendialog des Architekturzentrum Wien* (kuratiert von Sonja Pisarik), die 2019/2020 im Az W und im vai Dornbirn gezeigt wurde. Ganz im Geist der kritischen Sammlungs- und Forschungsarbeit des Az W wurden dabei die Sammlungsbestände zu den Vorarlberger Baukünstlern aus der Gegenwart befragt.

Die Dialogpartner*innen vertiefen sich in das Vorarlberger Baugeschehen von den 1960er Jahren bis in die Gegenwart. Sie beleuchten die Stärken der Nachkriegsarchitektur und wie diese bis heute nachwirkt. Auch die wichtige Frage nach dem Umgang mit dem baulichen Erbe aus dieser Zeit, die die Architektengruppe C4 entscheidend mitprägte, ist Teil der Gespräche. Das Phänomen der Vorarlberger Baukünstler wird unter anderem vor dem Hintergrund der aktuellen Zersiedelung analysiert. In allen Dialogen zeigt sich, dass die Begegnung der unterschiedlichen Generationen auf Augenhöhe eine besondere Qualität der Vorarlberger Architekturszene ist.

Schon in den Vorgesprächen wurde deutlich, dass „Alt und Jung" durch teils jahrelange Freundschaft miteinander verbunden sind. So trifft Karl Sillaber den jungen Vorarlberger Architekten Matthias Hein zum gemeinsamen Schwimmen. Anton Nachbaur von Cukrowicz Nachbaur Architekten begleitete er schon mehrfach auf den Bregenzer Hausberg Pfänder. Helena Weber wiederum begegnet Karl Sillaber oft im Rahmen von Sitzungen und Exkursionen der Zentralvereinigung der ArchitektInnen. Allen gemeinsam ist eine ungeheure Wertschätzung für die Person und das Werk des bzw. der jeweils anderen. Spürbar wird das in jedem der Dialoge, die für das Az W von der Kulturjournalistin Ingrid Bertel an Schauplätzen der C4 Architektur in Szene gesetzt wurden.

Karl Sillaber(KS) im Gespräch mit Andreas Cukrowicz(AC) und Anton Nachbaur(AN)

Interview geführt am 03.10.2019 im *vorarlberg museum* im Auftrag des Architekturzentrum Wien. Die Architekten **Andreas Cukrowicz** und **Anton Nachbaur** leiten seit 1996 gemeinsam das Büro Cukrowicz Nachbaur Architekten ZT GmbH in Bregenz.

AN Karl, es freut mich, dass wir uns heute hier im *vorarlberg museum* treffen. Uns verbindet ja inzwischen eine jahrelange Freundschaft; wir haben uns oft getroffen, auch auf Wanderungen auf den Pfänder, auf Exkursionen und auch immer wieder in der Stadt Bregenz, wo wir uns zufällig über den Weg laufen und uns kurz austauschen. Ich nehme dich inzwischen als väterlichen Freund wahr, der uns – mir und uns – sehr oft Ratschläge gibt, auch solche, die über die Architektur hinausgehen, Ratschläge, die das Leben betreffen. Ich kann mich an eine Aussage von dir erinnern, wo du erzählt hast, dass zu deiner Zeit die Arbeit immer im Vordergrund gestanden hat, du sehr viele Termine gehabt hast, aber dass du dich an ganz viele von diesen Terminen wie Eröffnungsfeierlichkeiten nicht mehr erinnern kannst, aber dafür an jede einzelne Bergtour, die sind auf deiner ‚Festplatte' gespeichert. Das ist eine Anekdote, an die ich denke, wenn ich das Gefühl habe, die Arbeit wird zu viel – dann kommst du mir immer wieder in Erinnerung. Wir befinden uns jetzt hier in der zentralen Zone des *vorarlberg museums,* auf der Galerie mit Blick über das Atrium – wunderschönes Licht, wenn die Sonne scheint. Dieser ehemalige Innenhof zwischen früherem Museum und der Bezirkshauptmannschaft wird nun als allgemeiner Bereich genutzt, wie bei uns im Hintergrund: Da ist ein Café, da treffen sich die Leute. Was wir hier sehen, ist das Ergebnis eines europaweiten Wettbewerbs. Ein Thema, das mich immer wieder interessiert: Wie war das früher? Wie kompliziert war es an Wettbewerben teilzunehmen?

KS Dazu möchte ich sagen, dass es einfacher war. Es war die Zeit des Wiederaufbaus; hauptsächlich wurden Wettbewerbe zu Schulen ausgeschrieben und daran nahmen dann, wenn es viele waren, ca. 18 bis 20 Architekten teil. Und der erste Preis war dann auch schon der offizielle Auftrag. Es gab damals wenige hervorragende Architekten, somit war es einfach klar, dass der erste Preis zur Ausführung freigegeben wird.

AC Also war im Prinzip von der Gemeinde eine sehr große Vertrauensbasis dem Architekten gegenüber vorhanden, auch wenn dieser vielleicht noch nicht so viele Schulen gebaut hatte, noch nicht so große Erfahrung hatte. Aber man hat ihm das Vertrauen geschenkt, dass er das kann.

KS Es war genau so, wie du es sagst. Das Vertrauen war da, weil man gesehen hat, dass wir die Arbeit sehr ernst nehmen und auch Qualität vorhanden war. Wir sind damals neue Wege gegangen, haben ebenerdige Schulen gebaut. Immer war das Pädagogische auch für uns ganz wichtig zu berücksichtigen und auch zu verstehen.

AN Ich denke, in Vorarlberg ist es Standard, dass der erste Platz mit dem Auftrag betraut wird. Und wir durften auch speziell bei diesem Projekt, dem *vorarlberg museum,* wo ja das Land Vorarlberg der Auftraggeber war, diesbezüglich sehr gute Erfahrungen machen, dass wir dieses Vertrauen bekommen haben – gut, wir waren jetzt vielleicht auch nicht mehr ganz unbekannt in Vorarlberg. Aber trotzdem war es für uns damals das größte Projekt, das wir bis dahin gemacht haben, auch ein sehr bedeutendes natürlich mit dem Inhalt Museum an diesem Standort in Bregenz. Damit war es für uns eine Herausforderung oder ein spezielles Thema, hier unmittelbar neben dem Kunsthaus von Peter Zumthor, was natürlich auch in unserer eigenen Erwartungshaltung die Latte hochgelegt hat. Da konnten wir bei diesem Projekt wirklich das Vertrauen des Bauherrn genießen. Jetzt machen wir natürlich speziell außerhalb von Vorarlberg, in den Nachbarländern, aber auch im Inland Erfahrungen, die nicht diese Basis bieten, wie wir sie hier kennen, mit diesen Vergabeverfahren, wo es noch lange nicht heißt, dass der Preisträger am Ende des Tages auch wirklich den Auftrag bekommt und dieses Gebäude dann realisieren darf.

KS Ja, aus meiner Sicht spielten wir natürlich nie in dieser Liga, wo ihr jetzt seid und wo ihr plant und auch herrliche Bauten generiert. Bei uns war das relativ einfach. Das Hauptgebiet war der Schulbau, dann hat es natürlich auch Krankenhäuser gegeben, ein bisschen Wohnbau und Rathausbau – wie zum Beispiel das Rathaus in Bludenz[1]. Der Themenbereich war natürlich nie so vielfältig und so hochkarätig wie bei euch, die ihr diese Bauten und Wettbewerbe gewinnt und auch ausführen könnt.

AC Wenn man eure realisierten Bauten anschaut, Karl, dann erkennt man ganz stark die Ortsbezogenheit. Du hast immer wieder von dieser Schule in Nüziders[2] erzählt, wo es einen Innenhof gibt und wo du heute noch stolz darauf bist, wie Fritz Achleitner dazu bemerkte, dass die Berge sogar in den Hof hineinschauen. Was man ganz stark merkt, auch und vor allem in der Auseinandersetzung mit Kirchenbau und bei verschiedenen Sanierungen, ist, dass der Denkmalschutz ein großes Thema gewesen ist. Wie ist

1 → Seite 160
2 → Seite 28

es euch da gegangen, wie war da eure Herangehensweise, was hat euch da interessiert?

KS Ich war in der Pfarre Bregenz damals als Kirchenrat und als Pfarrgemeinderat tätig und daher war es für mich sehr interessant in die Sanierung und Renovierung von Kirchen einzusteigen. Die Liturgiereform hatte 1965 stattgefunden und es war schon sehr wichtig diese Kirchen, die damals noch vor dem Konzil gebaut wurden, wieder funktionsfähig zu machen – sagen wir es einmal so. Das Wichtigste war dann die Funktionsorte Altar, Ambo und Sedilien richtig zu positionieren und auch die beste Möglichkeit zu finden, diese Kirchen zu gestalten.

AN Hier haben wir ja die alte Bezirkshauptmannschaft, die unter Denkmalschutz steht, und damit hatten wir hier, denke ich, die gleichen Themen wie damals ihr auch, immer diese Abwägung: Was soll, was muss stehenbleiben? Wie weit darf ein historisches Gebäude verändert werden? Ich denke, dass das auch heute in Vorarlberg in einer sehr konstruktiven Zusammenarbeit mit dem Denkmalschutz passiert. Das war früher wahrscheinlich ähnlich. Gab es irgendwann einmal eine Situation bei dir, wo es einen Widerspruch gab zwischen dem, was du wolltest, und dem, was das Denkmalamt sich vorgestellt hat? Gab es da irgendetwas oder war das auch immer im besten Einvernehmen?

KS Eigentlich war das schon im besten Einvernehmen – möchte ich sagen – die Diözese und die Pfarreien haben sich auf mich verlassen können, weil sie gemerkt haben, mit welchem Interesse und mit welcher Intensität ich an diese Arbeiten herangegangen bin. Die Kirchen wurden ja ursprünglich einmal gebaut. Viele Menschen haben vor mir in ihnen gebetet, und für mich bildet das ein Zeitfenster, wo ich mit meinen Möglichkeiten und mit meinen Fähigkeiten ein Bindeglied zu den späteren Generationen bin. Ich sehe mich da einfach als ein Architekt, der in dieser Zeit sein Bestes gibt und natürlich erkennen muss, dass es nach ihm wieder anders weitergeht.

AC Aus deinen Erklärungen merkt man ganz eindeutig, wie bescheiden du bist und mit welcher Einstellung du an diese Sachen herangehst, und das macht dich natürlich unglaublich sympathisch.

KS Danke für dieses schöne Kompliment!

AC Und da bist du uns auch einfach ein Vorbild. Dass man nicht so ein großer Angeber sein muss und dass man einfach seine Sachen in Demut und Dankbarkeit so gut wie möglich macht. Da hast du uns auch immer wieder den Weg gewiesen.

KS Ich freue mich auch jedes Mal, wenn ich euch sehe, und ich bin immer glücklich über jedes Gespräch mit euch. Ich möchte schon sagen, dass wir inzwischen gute Freunde geworden sind, und es ist für mich eine wahnsinnige Ehre, von euch, die ihr ja praktisch in der Europaliga mitspielt, so anerkannt zu werden. Ich kann mich noch erinnern, was mich sehr gefreut hat, 2018 habt ihr euch die Zeit genommen, mir im Gasthaus Kornmesser eure Arbeit zum Konzerthaus München zu erklären und sogar die Pläne zu zeigen. Das ist eine Anerkennung, die ich über alle Maße wertschätze.

AN Diese lobenden Worte machen mich jetzt fast etwas verlegen und ich finde es interessant, dass du sagst, dass du von den Jungen noch etwas lernst. Das zeigt natürlich auch dein Interesse und deine Begeisterung und dein Engagement für Architektur, was bis heute spürbar und ansteckend ist. Nach wie vor, trotz deines hohen Alters, hast du da manchen jungen Kollegen etwas voraus und für uns ist natürlich genau diese Arbeitseinstellung und diese Pionierarbeit sehr wichtig, die ihr damals in der Nachkriegszeit, in dieser Wiederaufbauzeit, geleistet habt, und auch die Grundlagen, die ihr geschaffen habt, von denen wir heute profitieren. Und auch die Tatsache, dass in Vorarlberg diese Architektur möglich ist, dieses Vertrauen auch von Auftraggebern da ist, dieses Engagement von ganz vielen Beteiligten. Ich glaube, das baut auf eurer Arbeit von früher auf. Und was du vorher gesagt hast, dass du dich im Sakralbau als ein Glied in der Kette siehst, das beschreibt auch die Verantwortung, die wir in unserem Beruf haben – die Verantwortung der Öffentlichkeit gegenüber. Das, glaube ich, verbindet uns, dieses Engagement, diese Sorgfalt, wie du auch gesagt hast. Was ja oft sehr mühsam im Alltag ist, ist dieses Bemühen um die gute und schöne Lösung, wo ja heute das Wort Schönheit oft nicht mehr verwendet wird. Ich glaube, dass das auch ganz wichtig ist, dass wir mit unserem Beruf eine Verantwortung der Öffentlichkeit gegenüber haben. Ich glaube, dass du das – wie Andreas gesagt hat, mit deiner Bescheidenheit – sehr schön auf den Punkt gebracht hast.

KS Ja.

Karl Sillaber (KS) im Gespräch mit Matthias Hein (MH)

Interview geführt am 01.10.2019 in der Volksschule Nüziders im Auftrag des Architekturzentrum Wien. Architekt **Matthias Hein** gründete 2002 das Büro HEIN architekten in Bregenz.

MH Es freut mich außerordentlich, dass ich heute mit dir hier sein kann und du mir das Schulhaus in Nüziders[1] zeigst, das du selbst als euer Schlüsselwerk in puncto Schulbau bezeichnest. Ich habe jede Menge Fragen und möchte gerne am Anfang beginnen, beim Wettbewerb, der, glaube ich, 1959 stattgefunden hat. Kannst du mir dazu ein bisschen berichten, wie es damals war?

KS Ausgeschrieben wurde er schon 1958, Ende des Jahres, und dann gab es 1959 18 Einreichungen mit zwei zweiten Preisen. Den ersten zweiten Preis haben die Kollegen Helmut Pfanner und Fritz Wengler bekommen – damals haben wir sie noch nicht gekannt – und den zweiten Max Fohn und ich. Und bei gleicher Jury war dann noch einmal eine Überlegung ... Es war für sie jetzt schwer einem Projekt den Vorzug zu geben und so hat sie empfohlen, dass wir vier zusammen noch einmal ein neues Projekt einreichen sollen. Wir haben dann Ende des Jahres das neue Projekt – eine ebenerdige Schule, so wie sie heute erhalten ist – vorgelegt und damals waren die Jury und die Experten sehr überzeugt von dieser guten Lösung.

MH Das heißt, eigentlich war die Schule auch der Start der Zusammenarbeit der C4 Gruppe und insofern auch ein Schicksalsprojekt, ein wichtiges Startprojekt?

KS Du sagst es richtig. Also diese Schule war die Geburt unserer Arbeitsgemeinschaft C4. C steht für Club – also Zusammenarbeit – und die Zahl 4, das ist die Anzahl der Teilnehmer, alphabetisch geordnet: Fohn, Pfanner, Sillaber und Wengler.

MH Ich verstehe, warum die Schule so eine Bedeutung für dich hat, das hast du auch mehrmals betont. Wenn wir heute durch die Schule gehen, dann erkennt man noch sehr viel vom damaligen Projekt und von euren Absichten. Ich glaube, es ist ja auch in der Materialität sehr stark darum gegangen, sich einfach zu halten. Die Materialien natürlich sprechen zu lassen ... Was waren die sonstigen Hauptanliegen von euch?

KS Also grundsätzlich haben wir damals die Schule für das Kind gebaut und auf eine falsche Repräsentation verzichtet.

MH Falsche Repräsentation im Sinne von Verzicht auf Erwachsenen-

1 → Seite 28

Gesichtspunkte, sondern wirklich auf das Kind zugeschnitten?

KS Genau, für uns war das Kind das Wichtigste.

MH Als das Augenscheinlichste oder Wichtigste erscheint mir diese Orientierung des Gebäudes nach zwei Richtungen: die Hauptorientierung nach Südosten, wo natürlich morgens die Sonne aufgeht, und die zweite Richtung, die hier einen Ausblick auf die Berge bietet und einen dunklen hinteren Bereich in den Klassen vermeidet.

KS Wichtig war uns die quadratische Klasse. Also nicht eine rechteckig gerichtete Klasse, sondern eine quadratische, wo mehrere Varianten einer Sitzaufstellung möglich sind – also der normale Frontalunterricht, gerichtet auf die Tafel, aber dann auch Erzählkreis und andere. Das war uns damals wichtig.

MH Und die Orientierung der Sonne folgend, deswegen nach Südosten?

KS Genau, eine Südostlage.

MH Interessant sind auch die zugeordneten Außenräume; also das ist für mich so dieses Spiel aus Sich-Konzentrieren und dann auch wieder Sich-Vermischen mit anderen, was ja bei den Schulbauten von euch in den frühen 1960er Jahren schon immer eine sehr wichtige Rolle gespielt hat.

KS Ja.

MH Was dann später, glaube ich, meist wieder verloren gegangen ist und heute wieder thematisiert wird.

KS Ja, es sind dann solche Schulen entstanden, wo es zu Hallenlösungen gekommen ist. Diese Schule ist eine reine Gang-Schule mit guter Qualität, möchte ich sagen.

MH Auffallend ist auch diese unglaublich schöne Umgebung hier in Nüziders, im Walgau, der ja doch relativ breit ist und eine umso beeindruckendere Bergkulisse in alle Richtungen aufweist. Du hast mir vorher erzählt, dass du auf all diesen Bergen gewesen bist, sie alle bestiegen hast. Ich habe das Gefühl, ihr inszeniert diese Berge auch in dieser Schule. Man hat von überall aus den Blick auf sie, oder?

KS Ja. Es waren ja praktisch paradiesische Zustände. Diese Schule ist von Obstbäumen umstanden gewesen, es waren einmalige Verhältnisse damals.

MH Du hast auch Fritz Achleitner einmal durch das Schulhaus geführt?

KS Ja, das war im Jahr 1965, wo Fritz Achleitner nach Vorarlberg gekommen ist. Max Fohn und ich haben ihn vom Zug abgeholt und sind dann gleich hierhergefahren. Der Mann war so fasziniert von der Einfachheit, von der Klarheit, von der Großzügigkeit. Man muss bedenken, Nüziders hatte damals nur 1200 Einwohner, und in einem so kleinen Dorf eine solche Schule zu finden, die eigentlich eine wichtige und großzügige Schule war, war für ihn ganz erstaunlich. Er hat eigentlich alle diese Dinge auch begriffen, die uns wichtig waren. Ein wunderbarer Satz war: „Schaut einmal an, sogar die Berge freuen sich und schauen herein!" So gut hat ihm diese Schule gefallen. Man sieht hier die verleimten Binder und das blendungsfreie Licht in zwei Zonen, auf das wir damals sehr stolz waren, weil es eben blendungsfrei war und dem Tageslicht am nächsten gekommen ist. Auch Fritz Achleitner hat es als eine besondere Leistung anerkannt, aus einer Situation eine neue Beleuchtung zu machen.

MH Wenn du in einer Gemeinde mit 1200 Einwohnern so ein Projekt realisierst, in so einer Zeit, das war ja alles andere als gewöhnlich. Wie ist man euch als Architekten dort begegnet? Hat man sich einfach einmal überraschen lassen? Habt ihr einfach durch den Wettbewerb einen großen Vertrauensvorschuss gehabt oder gab es Skeptiker oder Ängste?

KS Im Prinzip haben wir keine Widerstände gehabt, aber es war damals bei den Bauausschusssitzungen die Frage schon da, ob eine ebenerdige Schule das Richtige sei, weil die ‚normalen' Schulen waren ja Geschoss-Schulen.

MH Was waren die Bedenken? Ging es da um eine mögliche Ablenkung vor den Klassenzimmern oder hatte das andere Gründe?

KS Nein, es ging um den Umgang mit dem Baugrund und um die Wirtschaftlichkeit. Wenn man kompakt baut, kann es wirtschaftlicher sein. Es waren also keine bösen Argumente, sondern man hat sich halt gefragt, ob das das Richtige sei.

MH Das heißt, man kann sagen, ihr habt eigentlich die Pädagogik damit ein Stück weit verändert oder bestimmt, indem ihr diese neuen Arten der Räumlichkeiten zur Verfügung gestellt habt?

KS Ja, ganz sicher.

MH Und das war in dem Fall aber harmonisch, dieser Prozess?

KS Der war harmonisch. Und das möchte ich auch noch erwähnen, was diesen Pausenhof anbelangt. Vor dem Sechs-Klassen-Trakt gab es ein Pflanzbeet, diese Zone war begrünt und im Hof ist ein Trinkbrunnen gestanden. Es hat uns leidgetan, dass diese Dinge vielleicht aus Platzmangel verschwunden sind. Aber damals war das eine ganz wichtige Situation: Grün im Hof und dieser Trinkbrunnen.

MH Das ist gut, dass du das ansprichst, weil die Schule hat ja in der Zwischenzeit sehr viel erlebt. Sie wurde weiterentwickelt, und es ist ja auch im Moment gerade ein Umbau im Gange. Kannst du vielleicht über den ersten großen Umbau, die erste große Erweiterung berichten?

KS Die wurde 2002 bis 2004 vom Architekten Bruno Spagolla umgesetzt. Er hat es gut verstanden, diesen Sechs-Klassen-Trakt im Bereich der ehemaligen Eingangshalle zu situieren. Wir waren damals von dieser Anlage begeistert. Im Nachhinein ist es die einzig logische und gute Ergänzung. Wir haben ihm gratuliert und waren stolz, dass nach außen hin unsere C4 Schule nicht beeinträchtigt wurde.

MH Es ist schon ein außerordentlicher Glücksfall, wenn man sieht, dass ein Weiterbauen mit Respekt, aber ohne sich anzubiedern, funktioniert. Das ist, glaube ich, ein sehr schwieriges Thema, das leider selten, viel zu selten gelingt, und das war hier positiv.

KS Er hat uns natürlich seine Pläne geschickt und wollte wissen, was wir dazu sagen. Ich glaube, er hat sich auch – haben wir von ihm erfahren – über Fritz Achleitner noch einmal erkundigt, ob diese Sache zu machen sei. Und ich kann im Nachhinein nur sagen, dass es ein Glücksfall für uns war, dass Bruno Spagolla diesen Trakt umgesetzt hat.

MH Ja, und dann gibt es gerade wieder eine große Erweiterung. Die wurde als Wettbewerb ausgeschrieben, mit einem in meinen Augen sehr erfreulichen Ergebnis. Vielleicht gestattest du mir die Frage: Wenn man selber so ein bisschen zum Zuschauen verdammt ist und nicht weiß, was da kommt – wie ist es dir dabei gegangen? Warst du involviert in dieses Wettbewerbsprozedere?

KS Also damals hat man mich eingeladen, als Juror teilzunehmen, das habe ich aber abgelehnt, weil mich das nervlich zu stark belastet hätte. Und ich bin froh, dass ich abgelehnt habe. Aber ich war dann schon verwundert über die wahnsinnig tolle und professionelle Arbeit der Architektenkollegen Josef Fink und Markus Thurnher.

MH Es ist ja auch bei diesem Projekt so, dass man, glaube ich, zu hundert Prozent sagen kann, dass auch wieder das Vorhandene von euch, aber auch das von Bruno Spagolla geschätzt und weiterbearbeitet wird, ohne es zu zerstören.

KS Ja, es ist ihnen gelungen, diese Pädagogik, diese neue Schulpädagogik in einen quadratischen Grundriss mit vier Klassen umzusetzen, das ist ausgezeichnet gelungen. Ein Glücksfall.

Karl Sillaber(KS) im Gespräch mit Helena Weber(HW)

Interview geführt am 01.10.2019 in Volksschule Hasenfeld-Lustenau im Auftrag des Architekturzentrum Wien. Architektin **Helena Weber** gründete 2008 ihr eigenes Architekturbüro und ist seit 2019 Inhaberin des Architekturbüros Berktold Weber Architekten in Dornbirn.

HW Es freut mich sehr, Karl, mit dir heute hier zu sein und dieses Gespräch mit dir zu führen beziehungsweise in einen Generationendialog mit dir zu treten. Wir haben uns vor einigen Jahren im Zuge der Jurierung eines Projekts kennengelernt und sind seitdem eigentlich immer wieder in Kontakt über die Zentralvereinigung der Architekten – die ZV –, über Exkursionen, Vorträge. Ja, und heute sind wir hier in der Volksschule in Hasenfeld-Lustenau[1], das ist auch ein Projekt von dir …

KS Von uns.

HW … von euch als C4, eines der früheren Projekte. Ich bin mit diesem Projekt über einen Studienauftrag in Verbindung gekommen, in Zuge dessen wir diese Volksschule, diesen Standort sehr genau analysiert und angesehen haben. Wie bei vielen anderen Projekten ist auch dieses Bauwerk eines, von dem man viel von euch lernen kann. Etwas anderes verbindet uns auch noch, nämlich der Ort, an dem wir studiert haben. Du hast auch in Graz studiert, hast, glaube ich, 1958 abgeschlossen. Vielleicht magst du kurz darüber sprechen, wie es dazu gekommen ist, dass du gerade nach Graz gegangen bist, und wie du die Studienzeit erlebt hast?

KS Nach Graz bin ich deshalb gegangen, weil meine Kollegen von der Gewerbeschule Innsbruck auch dort waren. Die Gewerbeschule habe ich von 1947 bis 1952 besucht, habe aber nicht Hochbau gemacht, sondern Tiefbau. Und dort war für mich mein damaliger Lehrer, Architekt Norbert Heltschl, einer der wichtigsten und interessantesten Leute. Über ihn bin ich eigentlich zur Architektur gekommen.

HW Bist du gleich nach Graz gegangen oder hat es noch Zwischenstationen gegeben?

KS Ja, damals hat Norbert Heltschl eine Schule in Feldkirch, zu der er die Ausschreibung gewonnen hat, realisiert. Das Stadtbauamt hat einen Techniker gesucht, und da war er der Meinung, dass es einen gibt, der den städtischen Tiefbau machen kann und auch am Hochbau interessiert ist. Und so kam es auch, dass ich in Feldkirch-Altenstadt die Planung der Kanalisierung umgesetzt habe und in Tisis einen Kindergarten bauen durfte, den es heute noch gibt. So bin ich dann mehr und mehr an der Architektur interessiert gewesen. Bis ich mich

1 → Seite 64

dann entschieden habe – um es mit der Frage von Heltschl zu sagen: „Wie hast du es jetzt, Karl, gehst du nach Graz oder nicht?“ Dann hab ich geantwortet: „Ja, ich werde nach Graz Architektur studieren gehen.“

HW Warst du da allein als Vorarlberger?

KS Eigentlich schon, nur meine Freunde von der Gewerbeschule Innsbruck waren alle da, und die haben mir irgendwie eine Heimat gegeben.

HW Bei mir waren es auch Umwege, die mich zur Architektur geführt haben. Ich habe zuerst Musik studiert – Konzertfach Violine – an der Musikhochschule damals, heute Musikuniversität, und habe mich erst danach entschieden Architektur zu machen. Und so wie dich hat mich dieser Hintergrund auch geprägt und noch heute bin ich fasziniert über die vielen Parallelen, die es zwischen den Disziplinen gibt, nicht nur theoretisch, sondern auch ganz praktisch. Es braucht für beides im Prinzip ein Grundhandwerkszeug, ein technisches Know-how. Beim Instrument ist es die Fertigkeit und in der Architektur das technische Wissen, das man sich erarbeiten muss, um die Entwürfe auch umsetzen zu können. Und dann braucht es bei beiden Disziplinen auch den Willen zur Gestaltung und da sind es fast immer die gleichen Themen: Wo fokussiert man? Wo sind die großen Bögen? Wie löst man Herausforderungen im Großen, aber auch im Detail? Und dann natürlich auch ganz konkret: Wie generiert man Atmosphäre? Das ist ja auch bei euren Projekten spürbar, über die Lichtführung, die Materialechtheit und die Raumflüsse – man erkennt das auch hier in dieser Schule, dass ihr großes Augenmerk darauf gelegt habt. Und es braucht natürlich auch immer eine starke Idee, die dazu führt. Wenn ich jetzt noch einmal zu eurem Studium zurückkehren darf: Du hast Max Fohn während des Studiums kennengelernt, wie ist es zu dieser Bekanntschaft gekommen?

KS Ja, wie ich dann auf der Technischen Hochschule [heute TU Graz, Anm.] inskribiert war, sind auch die Kärntner Kollegen gekommen, und zwar aus der Gewerbeschule in Villach. Mit denen habe ich dann eigentlich bald Freundschaft geschlossen. Da waren ziemlich prominente Leute dabei, wie Günther Domenig und ein Großteil der Werkgruppe Graz – Hermann Pichler und viele andere. Und so habe ich dann relativ früh mit dem Kollegen Max Fohn eine Studier- und Wohngemeinschaft gegründet. Sein Vater ist früh verstorben und so war er gezwungen möglichst schnell das Studium abzuschließen. Davon habe ich auch profitiert, um damals rasch diese Schule fertigzumachen.

HW Damals gab es eigentlich noch nicht viele Frauen im Studium?

KS Überhaupt keine ... Ich kann mich nur an eine erinnern, das war Karin Trummer, eine Grazerin, ein hübsches Mädel und die einzige Frau leider Gottes.

HW Ich habe gut 45 Jahre später abgeschlossen. Zu meiner Zeit waren es etwa gleich viele Frauen wie Männer, würde ich sagen, wobei auch nach wie vor wenige Frauen in die Selbständigkeit gehen. Ihr habt am Ende des Studiums einen Wettbewerb gewonnen, wenn ich das richtig im Kopf habe. Wie war das damals und wie seid ihr dann zu diesem Auftrag gekommen?

KS Der erste Wettbewerb war 1957 die Volksschule Obdorf in Bludenz. Da haben wir zweifaches Glück gehabt. Zum einen war ich ein Eisenbahnerkind. Der Baureferent war auch ein Eisenbahner und der hat zum Bürgermeister Dietrich gesagt, dass es eigentlich gut wäre, da gäbe es einen Karl Sillaber, der in Graz studiert. Ob man den nicht einladen könnte. Und dann wurde ich eingeladen. Gleichzeitig haben wir – ab jetzt immer mit Max Fohn zusammen – diese Arbeit in „Entwerfen III" in Gebäudelehre bei Professor Karl Raimund Lorenz abgegeben. Also so quasi eine Sache zweifach verwerten können. Da haben wir viel Glück gehabt, weil wir dann auch den ersten Preis gewonnen haben.

HW Und ihr habt das Projekt dann auch umgesetzt?

KS Ja, wir haben dann auch das sagenhafte Glück gehabt, dass wir im Dachboden des Bauamtes unser Büro einrichten konnten.

HW Ihr seid dann gleich nach Vorarlberg gezogen?

KS Wir sind natürlich gleich nach Vorarlberg gezogen, haben das Studium unterbrochen, das war dann die wichtigste Arbeit in dieser Zeit. Und zwar haben wir es fast bis 1958 unterbrochen.

HW Und danach seid ihr wieder zurück und habt euren Abschluss gemacht?

KS Ja, 1958 im Dezember haben wir die Graduierung erhalten, die zweite Staatsprüfung.

HW Das heißt, ihr konntet eigentlich schon aus dem Studium heraus einen Wettbewerb gewinnen, mit dem ihr gestartet habt, und dann auch gleich dort an weitere Wettbewerbe anknüpfen. Das ist natürlich auch ein großer Unterschied zu meiner Generation der Architekten, so wie das mit der Ziviltechnikerprüfung heutzutage läuft. Man braucht zuerst die Praxisjahre, die Lehrjahre bei Kollegen, die auch grundsätzlich guttun – ich sehe das aus meinem Blickwinkel –, aber wir sind dann doch ein Stück älter, wenn wir mit unserer Arbeit starten oder auch in die Selbständigkeit gehen. Ihr habt mit eurer Arbeit Ende der 1950er Jahre begonnen, habt die Architekturlandschaft geprägt – fast ein halbes Jahrhundert lang. Wenn man jetzt zu den Anfängen zurückgeht, wie war das damals zu starten? War es schwierig an Aufträge zu kommen? Welche Stimmung herrschte im Lande? Gab es viele

Aufträge? Wie war das damals und welche Themen gab es?

KS Vor allem war es der Wiederaufbau. Es gab einen Bedarf an Schulen und somit war der Schulbau aus unserer Sicht das Hauptaufgabengebiet. Wir haben in zehn Jahren zehn Schulen gebaut – insgesamt 18 –, das war unser Leben und unsere Hauptarbeit.

HW Eure Arbeit zeichnet sich auch durch die Maßstäblichkeit aus, also im Maßstab des Kindes zu bauen …

KS Ja.

HW … aber auch durch eine Materialechtheit und eine Ehrlichkeit in der Konstruktion. Das sind ja alles Themen, die nach wie vor aktuell sind und jetzt die nachfolgenden Generationen weiterdenken und weiterbearbeiten, jeweils immer im eigenen Kontext. Es ist für uns immer spannend, eure Bauwerke zu studieren, auch im Zuge der Aufträge, die wir haben, und daraus auch zu lernen. Hattet ihr Vorbilder oder übergeordnete Ziele bei eurer Arbeit?

KS Damals war für uns das Bauhaus wichtig, sagen wir, von der großen Sache her. Das war ja im Bereich der Architektur das Gebiet, das man auch studiert hat. Und im Land war es natürlich der Architekt Willi Ramersdorfer, der damals eine Lichtgestalt war. Wir haben ja zu dem Mann aufgeschaut mit seinen Projekten und mit seinem Können. Da waren wir kleine Leute dagegen. Er hat praktisch – so kann man das sagen – die Moderne eingeführt.

HW Du bist ja auch nach wie vor sehr aktiv in der Zentralvereinigung. Du hast sie 1960, glaube ich, neu gegründet …

KS 1960 haben wir sie in der Eisengasse in Dornbirn gegründet und so ‚putschartig' die Macht übernommen. Wir haben dann den ältesten, den Herbert Kern – das war eigentlich der Humanist –, zum Präsidenten gemacht. Und dann gab es Heinz Köhler, das war ein streitbarer Jurist und unser Schriftführer, und Hans Purin, und mich hat man, weil es uns damals gut gegangen ist, zum Kassier der ZV bestimmt.

HW Gab es so etwas wie eine Solidarität unter den Architekten im Sinne der Forcierung einer Baukultur oder der Diskussion um die Definition guter Baukultur?

KS Ja, wir haben dann schon gegenseitig unsere Bauten angesehen, sind zusammengekommen, haben teilweise einander kritisch gesehen. Da war vor allem Hans Purin ein sehr wichtiger Mann, der mehr Interesse hatte, wie sich die Kollegen entwickelten, wie sie bauten und was sie umsetzten.

HW 60 Jahre später bin ich jetzt im Vorstand der Zentralvereinigung und du bist nach wie vor immer dabei und immer aktiv, bringst dich auch sehr ein. Wir versuchen stets Themen aufzugreifen, die Relevanz im Lande besitzen. Geht dir im Diskurs etwas ab? Würdest du ein neues Thema anstoßen oder kannst du irgendetwas ausmachen, wo du findest, dass das jetzt einfach genauer angesehen gehört?

KS Natürlich hat der Holzbau in Vorarlberg eine große Tradition. Was mir auf die Nerven geht oder was schlecht ist, ist die „Blöckchen-Bauerei", die da fantasielos in der Gegend produziert wird.

HW Du hast 50 Jahre lang das Architekturgeschehen mitgeprägt, gab es Einschränkungen, Hindernisse, denen ihr begegnet seid? Musstet ihr kämpfen für eure Werte und Grundhaltungen?

KS Beim Schulbau war es ja so in Vorarlberg: Erster Preis bedeutete Auftrag. Die redliche Art der Vorarlberger. Da hat es nur ein paar Ausnahmen gegeben, die ich jetzt nicht erwähnen möchte. Aber insofern haben wir da nicht gegen Widerstände kämpfen müssen.

HW Und andersherum gefragt: Wir sitzen hier in einer Schule, die neben den normalen quadratischen Klassenräumen, die ihr sehr forciert habt, auch Außenklassen anbietet, im Prinzip ein Weiterdenken der pädagogischen Möglichkeiten ...

KS Freiklassen.

HW Ja, neuartige Freiklassen habt ihr umsetzen können. Inwiefern konntet ihr euch aktiv in diese Gestaltungsprozesse einbringen? Konntet ihr über eure Vorschläge Neuerungen bewirken? Wie ist das damals gelaufen mit den Raumprogrammen?

KS Ja, ich glaube, wenn wir da herumschauen, dann gibt es genug Beweise, dass wir uns verwirklichen konnten.

HW Und ihr konntet auch neue Aspekte einbringen, die es vorher so im Lande nicht gab?

KS Ja, also diese Ebenerdigkeit der Schulen war sicher einer unserer Hauptverdienste in Vorarlberg oder Westösterreich.

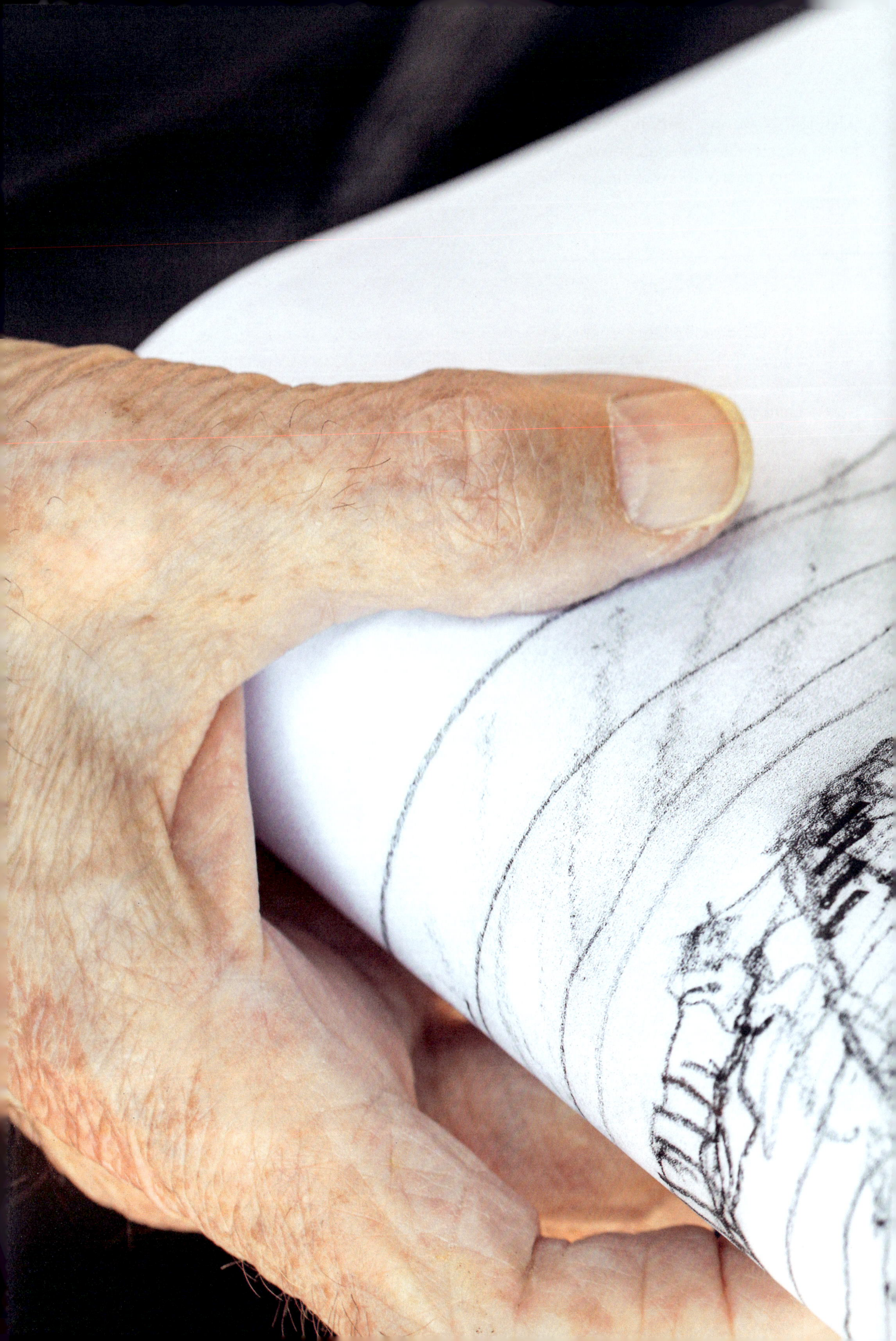

Werkliste 1960-79

1960-63 **Volksschule Nüziders** → Seite 28
Nüziders, Vorarlberg
(WB 1. Preis)

1960 **Ferienhaus G.** → Seite 36
am Golm, Montafon, Vorarlberg

1960 **Skiheim Lauterach** → Seite 42
Bödele, Schwarzenberg, Vorarlberg

1960-65 **Bundeshandelsakademie und Bundeshandelsschule (HAK/HASCH) Bregenz** → Seite 48
Erweiterung und Generalsanierung 1996-2000 (C4 Fohn/Sillaber)
Bregenz-Rieden, Vorarlberg
(WB 1. Preis)

1961-62 **Wohnhaus D.** → Seite 58
Innsbruck, Tirol

1961-64 **Gemeinschaftshaus, Büros (Länderbank)**
Bludenz, Vorarlberg

1961-64 **Volksschule Lustenau-Hasenfeld** → Seite 64
Lustenau-Hasenfeld, Vorarlberg
(WB 1. Preis)

1961-72 **Ortszentrum Lauterach** → Seite 72
1961 Drei Wohnblöcke
1962 Geschäfte
1963 Altersheim und Entbindungsstation
1965 Wohngebäude und Geschäfte
1968 Rathaus Lauterach
1966-72 Hauptschule
Lauterach, Vorarlberg

1962 **Mercedes-Benz Landesvertretung** → Seite 78
Dornbirn-Schwefel, Vorarlberg
(WB 1. Preis)

1962-63 **Innenausstattung Stadtsaal Bludenz**
Bludenz, Vorarlberg

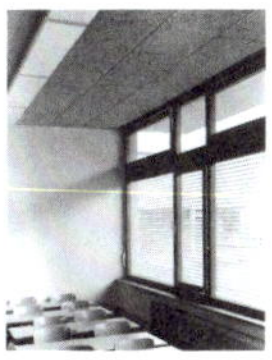

1962–67 **Volksschule Lustenau-Rotkreuz** → Seite 82

2. Bauetappe: 1968

Lustenau-Rotkreuz, Vorarlberg

(WB 1. Preis)

1963 **Projekt Wohnbauforschung Völs, Satellitenstadt**

Innsbruck, Völs, Tirol

1963–64 **Mercedes-Benz Werkstätte**

Bregenz, Vorarlberg

1963–65 **Textilbetrieb E. Burtscher**

Bludenz, Vorarlberg

1964–65 **Gemeindehaus Vandans**

Vandans, Vorarlberg

1965 **Wohnhaus M.**

Mutters, Tirol

1965–66 **Wohnhaus N.**

Bludenz, Vorarlberg

1965–66 **Kindergarten Nüziders**

Nüziders, Vorarlberg

(WB 1. Preis)

1965–67 **Volksschule Vandans**

Erweiterung 1968–69: Normal- und Spezialklassen,

Turnhalle-/Mehrzweckhalle und Kindergarten

Vandans, Vorarlberg

(WB 1. Preis)

1965–68 **Hauptschule Nenzing** → Seite 88

Nenzing, Vorarlberg

(WB 1. Preis)

1965–69 **Hauptschule Lauterach**

Lauterach, Vorarlberg

(WB 1. Preis)

1966 **Umbau Wohn- und Geschäftshaus/BAWAG** → Seite 96

Bregenz, Vorarlberg
(WB 1. Preis)

1966–68 **Mercedes-Benz Werkstätte**
Nüziders, Vorarlberg

1966–68 **Volksschule Mäder** → Seite 102

2. Bauetappe: 1972
3. Bauetappe: 1985 (C4 Fohn/Sillaber)
Mäder, Vorarlberg
(WB 1. Preis)

1967 **Wohnhaus B.**
Bludenz, Vorarlberg

1967 **Projekt Terrassenhaus Arzl bei Innsbruck**
Innsbruck, Tirol

1967–69 **Evangelisches Gemeindezentrum** → Seite 106

Bregenz, Vorarlberg

1968 **Wohnhaus S.**
Kematen, Tirol

1968–70 **Hallen- und Freibad Stubai** → Seite 110

Telfes, Tirol
(WB 1. Preis)

1968–70 **Friedhof mit Leichenhalle**
Lauterach, Vorarlberg

1968–70 **Häusergruppe Manahl-Fohn-Sillaber am Pfänderhang** → Seite 116

Lochau-Süd, Vorarlberg

1968–73 **Bundesgymnasium Feldkirch** → Seite 124

Feldkirch-Levis, Vorarlberg
(WB 1. Preis)

1969 **Wohnhaus J.** → Seite 130

Dornbirn, Vorarlberg

1969	**TI 82 Wohnanlage** Innsbruck, Tirol		
1969-70	**Wohnhaus K.** Bregenz, Vorarlberg		
1970-71	**Atelierhaus und Wohnhaus K.** Koblach, Vorarlberg		
1970-72	**Hallenbad Tannheim** Tannheim, Tirol (WB 1. Preis)		
1970-72	**Reihenhaussiedlung Amtstorstraße** Bregenz, Vorarlberg	→ Seite 134	
1970-72	**Pension Heinz Bacher** Fulpmes, Tirol		
1970-73	**Hauptschule Rheindorf** Lustenau, Vorarlberg (WB 1. Preis)		
1970-73	**Wohnhaus Wengler** Mutters, Tirol	→ Seite 140	
1970-75	**Erweiterung Krankenhaus Bregenz** Bregenz, Vorarlberg		
1971	**Rätikonhalle** Vandans, Vorarlberg		
1971-72	**Café-Konditorei Moschen** Innsbruck, Tirol		
1971-74	**Erweiterungsbau Hotel Lutz** Fulpmes, Tirol	→ Seite 150	
1971-75	**Umbau Mus.päd. Realgymnasium und Turnsaal der Barmherzigen Schwestern** Innsbruck, Tirol	→ Seite 156	

1972 **Wohnhaus P.**
Bludenz-Bings, Vorarlberg

1972 **Dachausbau R., Hungerburg**
Innsbruck, Tirol

1972–74 **Rathaus Bludenz** → Seite 160
Bludenz, Vorarlberg
(WB 1. Preis)

1972–75 **Sport- und Freizeitzentrum St. Johann** → Seite 166
St. Johann in Tirol, Tirol
(WB 1. Preis)

1973 **Sandwichstube Fluckinger**
Innsbruck, Tirol

1973–75 **Wohnanlage Reutegasse**
Bregenz, Vorarlberg

1973–75 **Metallindustriehalle Pittl**
Medraz, Tirol

1973–78 **Wohn- und Bürohaus Bergstraße** → Seite 172
Bregenz, Vorarlberg

1974 **Volksschule Bregenz-Stadt** → Seite 176
Erweiterung 1980–82: Schulwartwohnung und Turnhalle (C4 Fohn/Sillaber)
Bregenz, Vorarlberg

1974 **Umbau und Erweiterung Pension Tusch**
Leutasch, Tirol

1974 **Umbau Wohnhaus B.**
Gnadenwald, Tirol

1974–76 **Freizeitzentrum Sautens** → Seite 182
Sautens im Ötztal, Tirol

1974–76 **Höhere Technische Bundeslehr- und Versuchsanstalt (HTL) Rankweil** → Seite 186
Rankweil, Vorarlberg

1974–76 **Kinderdorf Kronhalde Vorarlberg** → Seite 190

Erweiterung 1985–2009 (C4 Fohn/Sillaber)
Bregenz, Vorarlberg
(WB 1. Preis)

1975–77 **Sprachheilheim Carina**
Feldkirch, Vorarlberg
(WB 1. Preis)

1976 **Aufstockung Wohnhaus S.**
Innsbruck, Tirol

1976 **Wohnhaus R.**
Rinn, Tirol

1976–77 **BORG Lauterach**
Lauterach, Vorarlberg

1976–77 **Wohnanlage Am Hoferfeld**
Lochau, Vorarlberg

1977–79 **Reihenhaussiedlung Im Wingat** → Seite 194

Bregenz-Rieden, Vorarlberg

1978–79 **Höhere Bundeslehranstalt für wirtschaftliche Berufe (HLW) Rankweil**
Rankweil, Vorarlberg

1978–79 **Mercedes-Benz Werkstätte**
Feldkirch-Altenstadt, Vorarlberg

Wettbewerbe 1960-79

1960	**Verbauung Costa del Sol**	Costa del Sol, Spanien	
1960	**Theater Dornbirn**	Dornbirn, Vorarlberg	1. Preis
1960-61	**Volksschule Egg**	Egg, Vorarlberg	1. Preis
1961	**Hauptschule Schruns/Ausserbraz**	Schruns/Ausserbraz, Vorarlberg	
1961	**Kulturzentrum Dornbirn**	Dornbirn, Vorarlberg	
1962	**Stadtsaal Dornbirn**	Dornbirn, Vorarlberg	1. Preis
1962-72	**Berufsschule Bregenz**	Bregenz, Vorarlberg	2. Preis
1963	**Arzthaus Achental**	Achental, Tirol	1. Preis
1963	**Volksschule Reichenau**	Innsbruck, Tirol	3. Preis
ca. 1963	**Hochschule für Sozialwissenschaften Linz**	Linz, Oberösterreich	Ankauf
1964	**Kirche Latschau**	Latschau, Vorarlberg	
1964	**Hochhaus Reichenauerbrücke**	Innsbruck, Tirol	3. Preis
1964	**Volksschule Andelsbuch**	Andelsbuch, Vorarlberg	2. Preis
1964	**Pädagogische Akademie Wien**	Wien	3. Preis
1964	**Überbauung „In der Braike"**	Bregenz, Vorarlberg	Anerkennung
1964	**Pädagogische Akademie Feldkirch**	Feldkirch, Vorarlberg	3. Preis
1964	**Hauptschule Gisingen**	Feldkirch, Vorarlberg	
1965	**Pädagogische Akademie Baden**	Baden, Niederösterreich	3. Preis
1966	**HTL+VA Innsbruck-Hötting**	Innsbruck, Tirol	3. Preis
ca. 1966	**BRG/BORG Dornbirn**	Dornbirn, Vorarlberg	2. Preis
1968	**Gymnasium Steyr**	Steyr, Oberösterreich	2. Preis
1968	**Alpenbad Reutte**	Reutte, Tirol	2. Preis
1968	**Amtsgebäude Bezirkshauptmannschaft**	Waidhofen an der Thaya, Niederösterreich	Anerkennung
1968	**Rundfunkhäuser Linz/Innsbruck/Dornbirn**	Linz/Innsbruck/Dornbirn, OÖ/T/V	Anerkennung
1968	**Hauptschule Wolfurt**	Wolfurt, Vorarlberg	3. Preis
1969	**Wohnverbauung Bregenz**	Bregenz, Vorarlberg	3. Preis
1969	**Freibad Tschagguns-Schruns**	Tschagguns-Schruns, Vorarlberg	2. Preis
1969	**Wohnverbauung Bludenz**	Bludenz, Vorarlberg	3. Preis
1969	**Hallen-/Freibad Leutschach**	Leutasch, Tirol	3. Preis
1960er	**Hauptschule Hörbranz**	Hörbranz, Vorarlberg	1. Preis
1960er	**Volksschule Fußach**	Fußach, Vorarlberg	
1960er	**Sporthalle Dornbirn**	Dornbirn, Vorarlberg	Anerkennung
1960er	**Festspieltribüne**	Bregenz, Vorarlberg	3. Preis
1960er	**Schwesternheim Bregenz**	Bregenz, Vorarlberg	3. Preis
1960er	**Gemeindehaus Brand**	Brand, Vorarlberg	3. Preis
1960er	**Altersheim Hard**	Hard, Vorarlberg	Anerkennung
1960er	**Gemeindehaus Wolfurt**	Wolfurt, Vorarlberg	3. Preis
1960er	**Altersheim Lustenau**	Lustenau, Vorarlberg	1. Preis
1970	**Friedhof Vomp**	Vomp, Tirol	3. Preis
1970	**Städtebaulicher Wettbewerb Mildenberg**	Bregenz, Vorarlberg	2. Preis
1971	**Siedlung An der Ach (Wohnen Morgen)**	Bregenz, Vorarlberg	Anerkennung

1972	**Gemeindezentrum Hard**	Hard, Vorarlberg	2. Preis
1972	**Sport- und Kulturzentrum Seefeld**	Seefeld, Tirol	Anerkennung
1972	**Landessportheim Innsbruck**	Innsbruck, Tirol	Anerkennung
1972	**Bundesgymnasium Bregenz**	Bregenz, Vorarlberg	
1973	**Städtebaulicher Wettbewerb Kronhalde**	Bregenz, Vorarlberg	1. Preis
1973	**Vorarlberger Landhaus**	Bregenz, Vorarlberg	Anerkennung
1973	**Jugendherberge Innsbruck**	Innsbruck, Tirol	Anerkennung
1974	**Krankenhaus Hall in Tirol**	Hall, Tirol	3. Preis
1974	**Hauptschule Sulz-Röthis**	Sulz-Röthis, Vorarlberg	2. Preis
1974	**Altersheim Bregenz**	Bregenz, Vorarlberg	2. Preis
1975	**Hauptschule/Hallenbad Frastanz**	Frastanz, Vorarlberg	Anerkennung
1975	**Berufsschule/Landesschule Feldkirch**	Feldkirch, Vorarlberg	Anerkennung
1976	**Berufsschule Zell am Ziller**	Zell am Ziller, Tirol	3. Preis
1976	**Hauptschule Außermontafon**	Außermontafon, Vorarlberg	Anerkennung
1977	**Hauptschule Dornbirn**	Dornbirn, Vorarlberg	2. Preis
1978	**Zentrum Dornbirn**	Dornbirn, Vorarlberg	Anerkennung
1978	**Überbauung Riedgasse**	Bregenz, Vorarlberg	Anerkennung

o.D.	**Bürohaus Firma Getzner**	Bludenz, Vorarlberg
o.D.	**Verbauung Firma Rhomberg**	Dornbirn, Vorarlberg
o.D.	**Realgymnasium Bludenz**	Bludenz, Vorarlberg
o.D.	**Schwimmbad Schwarzach**	Schwarzach, Tirol
o.D.	**Freibadanlage Bad Gleichenberg**	Bad Gleichenberg, Steiermark
o.D.	**Hallenbad Steinach am Brenner**	Steinach am Brenner, Tirol
o.D.	**Hallen- und Freibad Lienz**	Lienz, Tirol
o.D.	**Badeanlage Sölden**	Sölden, Tirol
o.D.	**Sportzentrum Söll**	Söll, Tirol
o.D.	**Parkbad und Eissporthalle Linz**	Linz, Oberösterreich
o.D.	**Altersheim Landeck**	Landeck, Tirol
o.D.	**Sportstätten Universität Innsbruck**	Innsbruck, Tirol
o.D.	**Raiffeisenkasse Bregenz**	Bregenz, Vorarlberg
o.D.	**Studenten- und Lehrlingsheim Hinterbrühl**	Hinterbrühl, Niederösterreich
o.D.	**Kongresshaus Innsbruck**	Innsbruck, Tirol
o.D.	**Fremdenverkehrsschule Zell am Ziller**	Zell am Ziller, Tirol
o.D.	**Schüler- und Studentenheim Innsbruck**	Innsbruck, Tirol
o.D.	**Dorfzentrum Kematen**	Kematen, Tirol
o.D.	**Kirche Mellau**	Mellau, Vorarlberg
o.D.	**Zentrum Kleinwalsertal**	Kleinwalsertal, Vorarlberg
o.D.	**Wohnverbauung Lemmenhof**	Innsbruck, Tirol

Diese Publikation erscheint anlässlich der Ausstellung

Karl Sillaber und C4 Architekten
Neues Bauen in Vorarlberg und Tirol (1960–1979)

vorarlberg museum, Bregenz
26. Juni 2021 bis 9. Jänner 2022

Eine Ausstellung in Kooperation mit dem Architekturzentrum Wien

vorarlberg museum Schriften 59

Ausstellung

Kuratorin
Ingrid Holzschuh
www.ingridholzschuh.at

Produktions- und Projektleitung
Theresia Anwander

Kuratorische Unterstützung
Ute Denkenberger, Laura Fuchs

Ausstellungsgestaltung
Robert Rüf
www.robertruef.com

Ausstellungsgrafik
Larissa Cerny

Konservierung-Restaurierung, Objektbetreuung, Sammlungsmanagement
Ute Denkenberger, Birgit Fitz, Laura Fuchs, Elisabeth Fugmann, Sylvia Karner, Ute Kurz, Cornelia Mathis-Rothmund, Tina Neuner, Franziska Wicke-Bergmann, Ilse Winder

Lektorat
Magdalena Venier

Übersetzung
Elise Feiersinger

Aufbau und Technik
Thomas Zoppel, Marko Dietrich, Gerhard Fessler, Gerald Nicolussi, Günther Stöckl

Ausstellungsmanagement und Registratur
Theresia Anwander, Christina Jacoby, Judith Kern

Veranstaltungen und Kommunikation
Manfred Welte, Fabienne Rüf, Ulrike Schüller

Kulturvermittlung
Heike Vogel, Nadine Alber-Geiger, Elvira Flora, Fatih Özçelik, Anja Rhomberg, Claudia Schwarz

Besucherservice
Isolde Troy, Claudio Bechter, Marco Dilsky, Gerda Dörn, Claudia Fichtner, Ingrid Gasser, Jolanta Gronczewski, Ute Hathaway, Bernadette Klien, Christian Kurzemann, Hilla Leitner, Susanne Linder, Ulrike Mathis, Beatrix Mersin, Patrizia Meusburger, Gülhanim Öztürk, Birgit Pernsteiner, Edith Pichler, Ogul-Can Polat, Maribel Rico Patino de Maier, Manuela Sams, Waltraud Walser

Direktion
Andreas Rudigier, Anna Bertle, Simone Mangold

Bildnachweis
Alle Abbildungen stammen aus den Archiven C4 und Friedrich Achleitner des Architekturzentrum Wien, Sammlung (Repros: Günter König, Scans: Elmar Bertsch) bis auf:
Nikolai Dörler: S. 236, 237, 238, 240, 241, 244, 247
Helmut Klapper, Vorarlberger Landesbibliothek, 1973: S. 187
Helmut Klapper, Vorarlberger Landesbibliothek, 1974: S. 124, 126, 127, 252
Helmut Klapper, Vorarlberger Landesbibliothek, 1975: S. 142, 145, 148
Helmut Klapper, Vorarlberger Landesbibliothek, 1977: S. 186, 188, 189, 254
Sonja Pisarik: S. 246
Petra Rainer: S. 198–227, 232, 233, 248, 249
Mercedes Schneider Dornbirn: S. 80, 81, 250
Stadtarchiv Bregenz: S. 176, 180, 254

Katalog

Herausgeberin
Ingrid Holzschuh

Projektleitung/Lektorat
Magdalena Venier

Acquisitions Editor
David Marold, Birkhäuser Verlag, A-Wien

Content & Production Editor
Katharina Holas, Birkhäuser Verlag, A-Wien

Korrektorat
Claudia Mazanek, A-Wien

Grafisches Konzept und Gestaltung
Nina Sturn
www.ninasturn.com

Umschlagabbildung
Volksschule Nüziders, 1960–63,
Architekturzentrum Wien, Sammlung,
Foto: Erika Sillaber

Lithografie
Günter König
www.prepressstudio.at

Schrift, Papier
Atlas Grotesk
Munken Kristall, IQ Color

Gesamtherstellung
Vorarlberger Verlagsanstalt GmbH

Der Vorlass der Architektengemeinschaft C4 gelangte durch eine Schenkung von Karl Sillaber und Max Fohn im Jahr 2008 in die Sammlung des Architekturzentrum Wien. Der Bestand wurde kürzlich durch Material von Friedrich Wengler ergänzt, das seine Witwe Walpurga dankenswerterweise zur Verfügung stellte.

Library of Congress Control Number: 2021938339

Bibliografische Information der Deutschen Nationalbibliothek
Die Deutsche Nationalbibliothek verzeichnet diese Publikation in der Deutschen Nationalbibliografie; detaillierte bibliografische Daten sind im Internet über http://dnb.dnb.de abrufbar.

ISBN 978-3-0356-2461-8

Vorarlberger Kulturhäuser-Betriebsgesellschaft mbh
Kornmarktstraße 6
6900 Bregenz, Österreich
www.vorarlbergmuseum.at

Architekturzentrum Wien
Museumsplatz 1
1070 Wien, Österreich
www.azw.at

Birkhäuser Verlag GmbH
Postfach 44
4009 Basel, Schweiz
Ein Unternehmen der Walter de Gruyter GmbH
Berlin/Boston

9 8 7 6 5 4 3 2 1 www.birkhauser.com

vorarlberg museum

Architekturzentrum Wien

HYPO VORARLBERG
Hauptsponsor

Birkhäuser Basel